ANALISA DE MEDEIROS BRUM

CULTURA & LIDERANÇA

O PODER DO LÍDER INFLUENCIADOR

Editores
André Luiz M. Tiba e Luciana M. Tiba

Produção editorial
Estúdio Reis Editores

Revisão
Giulia Medeiros e Mariane Pacheco

Projeto gráfico e diagramação
Geovane Ribeiro e Gerson Reis

Capa
Geovane Ribeiro

Fotos
Analisa de Medeiros Brum: Rafael Renck
Kerlin Escobar Dutra: Renan Costantin

Dados Internacionais de Catalogação na Publicação (CIP)
Angelica Ilacqua CRB-8/7057

Brum, Analisa de Medeiros
Cultura & Liderança: O poder do líder influenciador / Analisa de Medeiros Brum. - São Paulo : Integrare, 2025.
280 p.

ISBN 978-65-89140-15-3

1. Liderança 2. Gestão de pessoas 3. Administração de empresas I. Título

25-4312 CDD 658.4092

Índices para catálogo sistemático:
1. Administração de empresas

INTEGRARE EDITORA E LIVRARIA LTDA.
Rua Tabapuã, 1123, 7° andar, conj. 71/74
CEP 04533-014 – São Paulo – SP – Brasil
Tel. (55) (11) 3562-8590
Visite nosso site: www.editoraintegrare.com.br

ANALISA DE MEDEIROS BRUM

CULTURA & LIDERANÇA

O PODER DO LÍDER INFLUENCIADOR

Integrare business

APRESENTAÇÃO

"CULTURA & LIDERANÇA – O poder do Líder Influenciador" é um convite poderoso para todos aqueles que desejam compreender a essência da liderança no mundo contemporâneo. Com a experiência de quem há mais de 25 anos inspira líderes e organizações, Analisa de Medeiros Brum mostra que liderança não é apenas sobre comandar, mas sim sobre influenciar positivamente pessoas, culturas e resultados. A autora nos leva a refletir sobre como cultura, estratégia e comunicação se conectam e se fortalecem mutuamente dentro das empresas.

O livro apresenta de forma prática e envolvente a diferença entre líderes inspiradores e líderes disfuncionais, demonstrando como a influência pode transformar ambientes de trabalho, gerar engajamento real e consolidar culturas organizacionais fortes. Ao longo dos capítulos, Analisa compartilha histórias, conceitos e ferramentas que estimulam o autoconhecimento, a autenticidade e a capacidade de comunicação do líder – competências essenciais para conduzir equipes em um cenário de rápidas mudanças.

Mais do que um guia sobre liderança, esta obra é um manual sobre como gerar impacto humano e sustentável nas organizações.

Ao defender o papel do líder como influenciador da cultura, Analisa Brum mostra que é na prática cotidiana - nos exemplos, nas palavras e nas atitudes - que a verdadeira liderança se consolida. É uma leitura inspiradora e transformadora, capaz de provocar reflexões profundas e oferecer caminhos concretos para quem deseja evoluir como líder e deixar um legado positivo.

FABIO ADEGAS FACCIO

Presidente da Lojas Renner S.A.

SUMÁRIO

PREFÁCIO

Alguns livros não chegam até nós por acaso. Eles nos encontram. E foi exatamente assim que me senti quando recebi o convite de Analisa de Medeiros Brum para prefaciar esta obra. Eu não a conhecia pessoalmente até então, mas bastaram poucas páginas para perceber a força de uma vida inteira dedicada a dar voz àquilo que tantas vezes fica invisível nas organizações: a cultura, a estratégia e a liderança que sustentam resultados de verdade.

Este não é apenas o décimo livro de uma das maiores referências do Brasil em Comunicação Interna e Endomarketing. Para mim, ele carrega o peso simbólico de uma trajetória. Surge justamente no ano em que a HappyHouse, agência fundada por Analisa, celebra 25 anos — um quarto de século de consistência, entrega e transformação. E confesso que, ao me dar conta disso, senti ainda mais admiração, porque acredito profundamente que a verdadeira influência se constrói assim: com constância, com propósito e com a coragem de fazer o que precisa ser feito, mesmo quando ninguém está olhando.

À medida que lia cada capítulo, percebi que este livro não é apenas um guia para líderes. Ele é um convite. Um convite a olharmos para dentro e entendermos que todos nós influenciamos a cultura — não pela posição que ocupamos, mas pelas escolhas que fazemos todos os dias. Liderar, para mim, é muito mais sobre inspirar do que sobre controlar. É sobre comunicar com verdade, praticar coerência, e estar inteira em cada gesto: de forma ética, humana e emocional.

A influência que realmente transforma não é a que impõe, mas a que conecta. Não é a que convence, mas a que desperta. Ela nasce da autenticidade, ganha força no exemplo e se multiplica quando entendemos que o papel do líder vai além de conduzir: é gerar significado.

Esse pensamento me toca profundamente, porque traduz exatamente a forma como vejo a liderança: de dentro para fora, com raízes firmes nos valores e olhos voltados para o propósito. Para mim, essa é a verdadeira marca pessoal — não aquela que aparece em discursos ou imagens, mas a que fica gravada na memória de quem caminha ao nosso lado. É o eco que permanece quando já não estamos presentes.

Analisa nos lembra, com delicadeza e firmeza, que cultura não se escreve em manuais, nem se pendura em paredes. Cultura se vive. Ela pulsa no comportamento coletivo, nas pequenas escolhas do dia a dia, nos gestos simples, no tom de voz, nos silêncios. É o que se revela quando ninguém está observando.

E o líder, como a autora tão bem traz, é quem dá o primeiro passo nessa construção. Não porque tem um cargo, mas porque tem a responsabilidade do exemplo. É ele quem traduz propósito em prática, quem inspira confiança, quem dá sentido. E, nesse processo, transforma sua própria liderança em uma força que resiste ao tempo.

Desejo que este livro toque você não apenas no aspecto profissional, mas principalmente no pessoal. Que cada página provoque reflexões sinceras sobre quem você é quando lidera, sobre a energia que transmite e sobre o legado que deseja deixar.

Porque, no fim, liderar é isso: influenciar. E, quando essa influência nasce da verdade, ela se torna inesquecível.

Renata Spallicci

Vice-Presidente da Apsen Farmacêutica

CULTURA & LIDERANÇA

O PODER DO LÍDER INFLUENCIADOR

1

FAZER O NOVO DE NOVO

"O *que me inspira é a possibilidade de fazer o novo de novo".* Essa frase é do publicitário Washington Olivetto e representa o que estou fazendo neste momento: começando a escrever um novo livro depois de já ter publicado vários.

Embora este já seja o meu décimo livro técnico, nunca fiz um curso de escrita, nem me impus seguir regras. Gosto de escrever do meu jeito e com a rapidez de quem sabe que não existe agonia maior do que uma história a ser contada pulsando dentro da gente.

Um novo livro é sempre um desafio, especialmente quando partimos do princípio de que escrever dói. Sim, escrever é uma dor à qual nos submetemos por dois diferentes motivos: propósito e vaidade.

Propósito, pela intenção de ajudar quem vier a lê-lo. E vaidade por tudo que um livro representa na vida de quem o escreveu. Pois aqui estou a fazê-lo mais uma vez, disposta a abordar três assuntos que me fascinam desde sempre:

CULTURA, ESTRATÉGIA E LIDERANÇA.

Pretendo mostrar, por meio da minha escrita, onde, quando e por que esses três conceitos se encontram e se beneficiam entre si.

Dizem que devemos dar ao autor apenas duas horas para que ele nos "fisgue" com o seu texto. Por isso, não quero que esse livro seja apenas uma sucessão de frases imperativas como "o líder tem que...", "o líder deve..." ou "o líder precisa...". Desejo que o leitor – todo e qualquer profissional que exerça um cargo de liderança em uma empresa – sinta que estou falando com ele e, acima de tudo, me colocando no lugar dele, o que não é difícil para mim, já que, ao longo da minha vida profissional, desde muito cedo, liderei pessoas.

No entanto, assim como liderei pessoas, também fui liderada por profissionais que me influenciaram mais do que poderiam imaginar. Em toda a minha trajetória profissional, convivi com diferentes estilos de liderança. Alguns líderes me inspiraram profundamente; outros, me ensinaram por contraste – mostrando exatamente o tipo de conduta que eu não gostaria de reproduzir no exercício da liderança.

Um ponto de vista é a vista de um ponto. Refiro-me ao ponto no qual me encontro. O fato de já ter exercido os dois papéis – de liderada e gestora, me ajudou a desenvolver um olhar mais crítico e humano sobre a importância da liderança nas organizações. E reforçou em mim a convicção de que uma boa liderança não é sobre controle, mas sobre influência positiva, o que se concretiza por meio de uma boa comunicação.

O aprendizado também é decorrente de exemplos negativos. Quando um líder tem comportamentos inadequados, ele está nos ensinando algo: o que não fazer.

Neste livro, me proponho a contar algumas histórias que representam tanto o líder inspirador quanto o líder disfuncional, que exerce a liderança de forma ineficaz, prejudicial ou desorganizada, dois perfis que influenciam a Cultura Organizacional de formas opostas. Acredito que esses perfis funcionem como molas propulsoras de autocrítica e conscientização para quem estiver lendo.

É possível que, neste momento, você esteja lembrando dos líderes que teve até se tornar um gestor de pessoas, e reconhecendo que aprendeu com esses dois tipos de líder, inspirador e disfuncional, o que demonstra a sua vontade de evoluir, refletindo sobre o que viveu, independentemente de ter sido positivo ou negativo.

Entender o que diferencia um líder inspirador de um líder disfuncional é importante para identificarmos o estilo de influência que queremos exercer.

Um líder inspirador é aquele que mobiliza pelo exemplo, trabalha por um propósito, constrói relações baseadas na confiança e no respeito e, acima de tudo, sabe se comunicar com a equipe.

Quando eu tinha 18 anos e já era uma estagiária de Comunicação Social, tive um líder que, toda a vez que recebia um trabalho feito por mim, dizia: "como você escreve bem". Ele me influenciou fortemente por meio do reconhecimento, uma vez que a cada trabalho eu me esforçava para escrever melhor.

Ao contrário disso, um líder disfuncional se caracteriza pela centralização, pelo autoritarismo e pela falta de empatia, gerando um ambiente de insegurança e, consequentemente, de baixa produtividade, mesmo com uma alta capacidade técnica.

Por volta dos 30 anos, quando eu já atuava como uma profissional de comunicação corporativa, inclusive liderando uma equipe, tive um gestor que, diante de cada trabalho que eu apresentava, fazia questão de dizer o quanto ele faria melhor, sem apontar no que eu poderia evoluir. Ele tinha características narcisistas que, somente depois de muitos anos, fui capaz de identificar.

Há quem diga que somos o resultado dos nossos traumas. É a partir dessa diversidade de influências que construímos um estilo próprio de liderança e decidimos aquilo que queremos representar.

Quando optei por usar o adjetivo "influenciador" para definir o tipo de liderança que considero benéfico para a construção, consolidação ou evolução de uma Cultura Organizacional, o fiz sob o viés positivo, pensando no líder que usa a comunicação para demonstrar a sua honestidade, sendo claro e transparente; autenticidade, sendo ele mesmo; integridade, representando a sua palavra por meio do comportamento; e, acima de tudo, humanização, desejando e promovendo o bem, além de demonstrar suas vulnerabilidades.

Porém, também tenho a pretensão de promover o desapego em nível de comportamento, já que a eficácia da prática da liderança não está só em saber o que fazer, mas, principalmente, em:

- eliminar o desnecessário;
- evitar desperdício de tempo e esforço; e
- focar no essencial e no que realmente gera valor.

Imagino que um livro que reúna ideias, pensamentos, raciocínios e histórias venha complementar a experiência que você tem e as reflexões que já fez sobre o ato de liderar. O meu desafio é transformar tudo isso em palavras que façam sentido para você.

Escrevo porque sou uma apaixonada pela palavra. Acredito que toda mudança significativa e todo movimento social, no mundo, começou com o uso de uma ou mais palavras. Enquanto especialista em Comunicação Interna, acredito na palavra como uma das ferramentas mais poderosas que uma organização tem para alcançar seus objetivos.

A palavra é, sem dúvida alguma, o alicerce da Cultura Organizacional, da liderança e dos processos de transformação de uma empresa, uma vez que o seu maior poder é o fato de gerar comprometimento. Quando digo para as pessoas com as quais convivo que escreverei um novo livro, o simples fato de ter transformado o meu desejo e a minha intenção em palavras estabelece, imediatamente, o meu compromisso com essa entrega.

Linguistas como Noam Chomsky e filósofos como Ludwig Wittgenstein defendem a ideia de que as palavras que usamos moldam nossa forma de pensar. Eles vão além, afirmando que a nossa linguagem limita ou expande a capacidade que temos de perceber e de agir sobre o mundo. Quando usamos as palavras "problema" ou "desafio" não é só semântica. O uso desses dois termos muda o jeito como enfrentamos uma determinada situação. Da mesma forma, quando usamos a expressão "isso é fácil para mim", temos mais condições de resolver a questão, seja ela qual for.

Escrevo, principalmente, porque acredito que compartilhar é a melhor forma de lidar com o conhecimento que adquiri trabalhando, estudando e inspirando pessoas por meio de livros, palestras, artigos, publicações nas redes sociais e outros meios. A minha ideia, com este livro, é

COLOCAR AS PALAVRAS A SERVIÇO DO TÃO DESEJADO "FIT CULTURAL",

abordando vários aspectos do comportamento do líder, porém sob o ponto de vista da comunicação, assunto no qual sou especialista, uma vez que não tenho formação em Psicologia, o que é uma das minhas frustrações.

Que seja uma boa leitura e que contribua não apenas para o seu desenvolvimento, mas para que a empresa na qual você trabalha o tenha como um verdadeiro influenciador da Cultura Organizacional.

2

INFLUENCIAR
ESSE É O NOVO PODER

É comum as empresas usarem dois substantivos quando desejam falar sobre o papel do líder na construção ou consolidação da Cultura Organizacional: "embaixador" e "agente". Frases como "o líder deve ser um embaixador da Cultura" ou "o líder tem que agir como um agente da Cultura" são ditas com frequência no ambiente corporativo.

EMBAIXADOR DA CULTURA ORGANIZACIONAL?

A palavra "embaixador" tem origem no latim medieval "ambactiare", que significa "ir em missão, representar alguém". Embaixador é chamado o representante oficial de um país em outro; ele atua em nome do governo de seu país para manter relações políticas, econômicas e culturais. Essa palavra também é usada para definir alguém que representa uma causa, marca, instituição ou ideia.

Porém, no ambiente corporativo, o termo parece mais adequado para identificar alguém que representa a empresa em outro ambiente, não nela própria. Exemplo: um profissional que fala em nome da empresa ou sobre ela em uma entidade de classe.

AGENTE DA CULTURA ORGANIZACIONAL?

A palavra "agente" vem do latim "agens", particípio de "agere", que significa "agir, fazer, conduzir", o que passa a ideia de ação ou intervenção.

Com certeza, essa é uma palavra que pode ter relação com o

papel do líder em um processo de construção, evolução ou transformação cultural. Entretanto, é preciso levar em consideração que a Cultura Organizacional começa a ser construída desde que a empresa nasce. Da mesma forma, a Cultura já existe quando passa por um processo de transformação ou evolução. Isso significa que o líder nem sempre age na concepção ou decisão desses processos. Normalmente, cabe a ele conhecer a Cultura Organizacional profundamente, representá-la e praticá-la juntamente à sua equipe.

Estou descartando as palavras "embaixador" e "agente" não porque são usadas de forma incorreta pelas empresas. Aquelas que as usam, o fazem porque entenderam ser o correto, porque melhor se adéqua ao seu jeito ou porque não encontraram uma palavra melhor. O descarte que estou fazendo é intencional e tendencioso, pois pretendo defender o termo "influenciador", usado no título do livro.

O verbo "influenciar" tem origem no latim "influere", que significa "fluir para dentro". A raiz é composta por "in-" (dentro) + "fluere" (fluir) e, originalmente, representava algo que flui invisivelmente de uma coisa para outra, como uma força ou um poder que exerce efeito.

Com o tempo, esse conceito passou a significar, também, a capacidade de afetar ou moldar pensamentos, comportamentos ou decisões.

Essa definição já é suficiente para colocar a palavra "influenciador" em um lugar de destaque quando o objetivo é definir o papel do líder na sua relação com a Cultura Organizacional.

A ideia de "influenciar" evoluiu, portanto, de um conceito quase místico para uma ferramenta essencial no tripé cultura/estratégia/resultado.

No mundo corporativo atual, influenciar é fazer fluir valores, ideias e conexões, tanto dentro da organização quanto no ecossistema digital.

Mais do que isso, no contexto que estamos vivendo,

LIDERAR É INFLUENCIAR,
NADA MAIS, NADA MENOS.

No ambiente de trabalho, no qual as relações estão se transformando de forma constante, saber influenciar com ética, autenticidade e propósito é um diferencial competitivo e humano para qualquer nível de liderança.

Contudo, é importante admitir que, tanto no ambiente corporativo quanto no digital, o "influenciar" ganhou abordagens mais complexas e estratégicas. No âmbito corporativo, inclusive, podemos dizer que essa palavra tem todas as condições de representar aquilo que as organizações esperam dos seus líderes.

Até pouco tempo atrás, influenciar era uma habilidade associada ao carisma pessoal ou à posição hierárquica. Hoje, é também uma competência estratégica, reconhecida na forma de liderança de pensamento, autoridade digital e capital social. E como competência estratégica, é algo que pode ser adquirido com estudo, observação e prática.

Sabemos que as empresas influenciam o mercado e a sociedade por meio de valores, Cultura Organizacional, posicionamento de marca e responsabilidade social. A influência, neste caso, não está apenas nos produtos, mas na narrativa e no comportamento corporativo.

Por outro lado, com o crescimento das redes sociais e das plataformas digitais, o termo passou a incluir os influenciadores digitais que moldam comportamentos e decisões de consumo. No mundo corporativo, isso se traduz no líder que influencia por meio da sua visibilidade, da sua presença off-line e on-line e do conteúdo que compartilha com a equipe, não apenas pela autoridade tradicional.

No ambiente digital, os algoritmos também influenciam: o que vemos, compramos e decidimos muitas vezes é moldado por fluxos invisíveis de dados. Isso representa uma nova forma de influência –automatizada, personalizada e massiva.

No ambiente corporativo, a Comunicação Interna é usada para que as organizações influenciem tanto os seus líderes quanto as suas equipes, algo que se torna ainda mais forte se a empresa souber utilizar, com criatividade e sistemática, os elementos que representam a sua Cultura: propósito, missão, visão e valores.

Aqui, vale ressaltar que algumas empresas não usam todos esses elementos para representar a sua Cultura. Hoje, a tendência é focar em propósito e valores.

Líderes influenciadores, hoje, são aqueles que conseguem engajar, inspirar, comunicar e gerar impacto por meio da prática dos valores definidos pela organização, não mais por imposição, mas por conexão e propósito. Veja bem: a influência que você pode exercer está menos ligada à sua posição e mais à sua capacidade de mobilizar pessoas e ideias em torno do propósito e dos valores da empresa.

INFLUENCIAR É O NOVO PODER.

Hoje, quem tem poder é quem consegue se mostrar como um modelo a ser seguido, além de compartilhar conteúdo com consistência, constância e coerência, influenciando o máximo de pessoas. Traduzindo para o dia a dia do líder, o poder se estabelece por meio da forma como ele se comporta e se comunica com a equipe.

Para entender melhor o novo poder, é preciso olhar para o velho poder com o qual convivemos no passado e que era composto por estruturas hierárquicas clássicas – grandes corporações, governos centralizados e modelos de liderança vertical com autoridade clara, metas impostas de cima para baixo e controle centralizado. Esse, segundo o futurista Tiago Mattos, autor do livro "Vai lá e faz", era o que existia em nível de poder.

O novo poder que vemos hoje é horizontal e refere-se a ambientes autogeridos, conexão real entre pessoas, propósito compartilhado e participação ativa. Ele funciona como um organismo vivo, com liderança circunstancial e foco em propósito, não em controle.

No novo poder, a liderança, além de mais fluida, leva em consideração o fato de que as empresas estão em constante transformação, o que inclui os novos formatos de trabalho. Aqui, entram a cocriação e a participação efetiva das pessoas. Refiro-me a líder e equipe construindo, juntos, o ambiente no qual desejam trabalhar.

No velho poder, poucos decidiam e muitos executavam. Se você é um líder Baby Boomer ou da Geração X, já deve ter identificado exemplos de velho poder. No novo poder, todos contribuem, decidem e compartilham, o que podemos considerar algo decorrente da entrada das novas gerações no mercado de trabalho.

Tiago Mattos defende ainda que o futuro das organizações – sejam negócios, movimentos ou projetos – está na adoção do novo poder: mais leve, adaptável e focado em propósito.

Ao entender esse contexto, em vez de reclamar que o mundo do trabalho mudou, se tornou muito mais desafiador e você precisa liderar dentro dele, sugiro que repense a sua estrutura e seu modelo de liderança para atuar de forma mais horizontal, autônoma e sintonizada com a Cultura da empresa na qual escolheu trabalhar.

Influenciar é muito mais do que respeitar a Cultura e viver dentro dela. É assimilar, comunicar e praticar os comportamentos que compõem a Cultura desejada, sendo um exemplo dela no dia a dia da empresa. Influenciar é também conectar as pessoas com essa Cultura, fazendo com que acreditem nela, a respeitem e a pratiquem.

Enquanto líder, você tem que ser um exemplo da Cultura na prática.

Veja bem: essa é mais do que uma frase simbólica – é um princípio essencial tanto para o seu sucesso como líder quanto para a integridade e eficácia de qualquer organização.

"CULTURA NÃO É O QUE ESTÁ ESCRITO NA PAREDE."

Essa é uma frase clássica que costumamos ouvir – muito verdadeira, pois, com certeza, não é o que está escrito na parede. Cultura é o que o líder representa e o que os colaboradores vivem na sua rotina de trabalho e na relação com a empresa.

No próximo capítulo, pretendo abordar a Cultura Organizacional da forma mais clara possível. Aqui, o importante é você entender que precisa deixar de ser um embaixador/representante ou um agente/fazedor para se tornar um influenciador da Cultura, levando em consideração o significado de influenciar:

- **Inspirar** – a influência começa, muitas vezes, pela admiração ou confiança no líder. É quando ele consegue despertar nas pessoas a vontade de agir ou pensar da sua maneira.
- **Direcionar** – significa o líder conduzir uma decisão, uma escolha ou um comportamento sem imposição, ou seja, usando argumentos, dados ou fatos para convencer as pessoas.
- **Transformar** – é o líder propor e participar de uma mudança na forma de pensar, nos hábitos e nas atitudes das pessoas da sua equipe.
- **Praticar** – é o discurso e a prática andando juntos. É quando o líder faz aquilo que diz e, com isso, gera o exemplo. Neste caso, a influência acontece a partir de tudo que o líder representa e faz no seu dia a dia com a equipe.

Para que esse conceito fique mais claro, trago aqui um exemplo concreto de influência que aconteceu quando eu liderava a equipe de Planejamento da Happy, agência que criei e que hoje tem 25 anos.

À frente dessa equipe durante 23 anos, eu liderava as pessoas e participava tanto do processo estratégico quanto criativo de todos os trabalhos de planejamento. Cabia a mim, também, apresentar o trabalho ao cliente para o qual, normalmente, eu precisava viajar. A sede da Happy é em Porto Alegre, e a maior parte dos seus clientes fica em outros estados.

Terminado um trabalho, viajei com ele no computador para apresentar ao cliente, certa de que estava levando um trabalho consistente, criativo e coerente com o briefing que havíamos recebido.

Porém, essa não foi a opinião do cliente: o trabalho foi totalmente recusado, motivo pelo qual retornei para a agência com uma informação negativa, além do desafio de recomeçar o trabalho "do zero".

Na vida de um líder, a informação negativa a ser repassada para a equipe, por pior que seja, tem o mérito de ser verdade. Essa é uma ideia que sempre defendi nos meus livros sobre Comunicação Interna. Diante de uma informação negativa, repasse-a assim que puder – da forma mais transparente possível, antes que se torne um boato.

Chegando na agência, rapidamente reuni a equipe e dei a notícia, consciente de que estaria provocando a desmotivação dos envolvidos.

Naquele momento, enquanto líder, tudo o que eu precisava fazer era, além de dar a notícia, ouvir como cada um deles estava se sentindo diante da não aprovação pelo cliente. Em vez de cobrar o porquê de não termos feito de um outro jeito, a minha preocupação foi gerar conexão e confiança, deixando que eles externassem a sua frustração. Esse foi o primeiro passo.

O segundo passo foi propor que "virássemos a página" e que recomeçássemos o trabalho. Fiz isso, dizendo que tinha convicção em relação à qualidade do trabalho que apresentamos, que entendia a frustração deles e que acreditava na nossa capacidade de fazer algo mais alinhado com a expectativa do cliente. Meu objetivo era reconectar a equipe com o propósito inicial e demonstrar um otimismo realista. Finalizei essa parte lembrando que não seria a primeira nem a última vez que teríamos um trabalho recusado, certa de que cabe ao líder chamar a equipe para a realidade.

O terceiro passo foi eu ter tomado a frente, começando, naquele momento, a nova versão do planejamento, e convidado cada um para que participasse, entregando o "seu melhor" para "virarmos o jogo". Mostrei-me parte da equipe e disposta a assumir a jornada junto com eles, não apenas alguém que traria o desafio e que ficaria observando.

Com essas três estratégias, a equipe recuperou o ânimo e refez o trabalho com a qualidade necessária, e o cliente aprovou. Porém, tudo isso aconteceu não porque eu "mandei", mas pelo reflexo de conseguir inspirar e conectar as pessoas com o desafio da refação. A estratégia final foi trabalhar o merecimento. Propus que almoçássemos juntos para comemorar o resultado positivo.

Aqui, quero chamar a sua atenção para o fato de que a influência tanto pode ser intencional quanto natural. Na experiência que contei acima, ela foi totalmente intencional, ou seja, eu pensei antes de agir. Na maioria das vezes, precisamos de tempo para isso. Um voo entre São Paulo e Porto Alegre, de 1h30, foi suficiente para que eu decidisse o que fazer no sentido de influenciar positivamente a equipe.

No entanto, nem toda influência é planejada. Por vezes, ela acontece simplesmente pelo exemplo ou pela presença.

Essa última palavra – presença –, é importantíssima no ato de influenciar. Ela representa o líder disponível, aquele que se posiciona e constrói autoridade, legitimando o seu conhecimento e a sua experiência.

Dentro do seu desejo de crescimento, as pessoas são influenciadas positivamente por líderes que buscam o desenvolvimento das suas equipes e atuam de forma colaborativa, estando disponíveis e contribuindo quando percebem que é necessário, até porque desenvolver significa deixar fazer e tratar o erro como uma experiência de aprendizado.

A disponibilidade é essencial para o ato de influenciar. Sobre isso, existe uma frase do Maestro alemão Kurt Masur, já falecido, que diz:

"AS ORQUESTRAS SOMENTE ACEITAM UM MAESTRO QUANDO SENTEM QUE PODEM TOCAR MELHOR COM ELE DO QUE SEM ELE".

A liderança influenciadora se estabelece por meio de uma série de características, entre elas, a disponibilidade e a colaboração.

Para mim, líder disponível nada mais é do que o líder colaborativo. E líder colaborativo é aquele que "levanta a bola para a equipe bater". O líder deixa fazer, mas permanece próximo da equipe, disponível para aquilo que ela precisar. Estou falando, portanto, de presença física e atenção. Um líder jamais será influenciador permanecendo dentro da sua sala com as portas fechadas, sem observar as pessoas e interagir com elas.

A influência acontece, também, por meio da atenção que o líder dá aos estados emocionais que são comuns às pessoas em cada etapa da sua convivência com a empresa. São seis as etapas da jornada do colaborador, e em cada uma delas a pessoa vive um estado emocional. Veja a seguir:

- NA ETAPA DE ATRAÇÃO, a pessoa está curiosa.
- NA SELEÇÃO, ela está nervosa.
- NA CONTRATAÇÃO, ela está ansiosa.
- NA INTEGRAÇÃO, ela está cheia de expectativas.
- NA RETENÇÃO, ela se torna exigente.
- NO DESLIGAMENTO, ela está angustiada.

Foi-se o tempo em que o líder era responsável apenas pela retenção de talentos. Hoje, ele precisa olhar para a jornada do colaborador como um todo, participando das seis etapas que a compõem e entendendo que cada pessoa está vivendo um momento único e individual.

Estar atento ao estado emocional do colaborador, de acordo com a etapa que ele está vivendo na empresa, é essencial para que o líder consiga provocar o tão desejado engajamento.

As empresas anseiam por colaboradores racional e emocionalmente engajados. Hoje, isso é mais importante do que ter colaboradores motivados. As empresas desejam mais – elas querem atrair e reter pessoas que atuem como protagonistas do seu desenvolvimento, assumindo o papel de intraempreendedoras.

Intraempreendedor, como o próprio nome diz, é um empreendedor que atua dentro de um organismo constituído, ou seja, de uma empresa que não foi criada por ele, porém pensando e agindo como seu dono.

Muitas empresas têm como valor a "atitude de dono" ou outra frase com o mesmo sentido. Depois que li o livro "A Mentalidade do fundador", escrito pelos consultores Chris Zook e James Allen, confesso que passei a questionar esse valor, porque entendi que a força e a energia de quem cria uma empresa é incomparável a de quem apenas trabalha nela. No entanto, preciso admitir que sim, os intraempreendedores existem e, na maioria das vezes, se tornam Diretores e, até mesmo, sócios das empresas nas quais estão. Se você tiver a oportunidade, leia o livro que acabei de citar e, assim, entenderá, com clareza, o que significa ter sentimento e atitude de dono.

É comum ver em um intraempreendedor características de um influenciador. O intraempreendedor está sempre envolvido ou liderando projetos internos, mesmo que eles não estejam previstos no seu escopo de trabalho.

Pode ser a festa de final de ano da empresa, o projeto-piloto do núcleo de inovação ou um novo formato de participação nos lucros. Muitas vezes, o intraempreendedor cria, literalmente, um empreendimento sob o teto da atual empresa. Refiro-me a algum tipo de organismo que começa a andar sozinho e se transforma em algo maior.

A verdade é que o intraempreendedor pode passar o resto da vida trabalhando dentro de uma empresa, assim como pode criar a sua própria empresa a partir do que aprendeu enquanto era empregado. Isso acontece muito. Porém, no tempo em que o intraempreendedor permaneceu na empresa, ele certamente agregou valor e participou da construção da sua Cultura.

Por que estou citando o intraempreendedorismo? Por vários motivos, entre eles, o fato de que uma pessoa com essas características tem um alto nível de engajamento, influenciando aqueles que estão ao seu redor. Assim, o ideal é que o líder tenha ou busque adquirir as características de um intraempreendedor e, consequentemente, apresente um engajamento acima da média. Afinal,

O PRIMEIRO A ACREDITAR EM ALGO
TEM QUE SER O LÍDER.

Você deve estranhar o fato de eu estar falando de engajamento, e não de motivação. O que ocorre é que o objetivo da influência não é apenas motivar as pessoas, mas provocar um engajamento de alto nível. Por isso, é importante aprofundar um pouco esses dois conceitos, motivação e engajamento, a fim de que o papel do líder influenciador fique ainda mais claro.

Começo pela motivação, que pode ser definida como um movimento para a ação.

É o sentimento – estado de espírito – que gera o movimento feito por uma pessoa no sentido de empreender ou fazer algo.

Esse sentimento pode ser provocado por fatores internos, como a automotivação, ou externos.

Entretanto, em primeiro lugar está a automotivação. Entenda por automotivação a capacidade que uma pessoa tem de se impulsionar internamente para agir, buscar objetivos, superar desafios e manter o foco, mesmo na ausência de incentivos externos. É quando a energia para agir vem de dentro de você, não de recompensas, elogios ou pressão de outras pessoas.

Vale ressaltar que as pessoas têm capacidades maiores ou menores de automotivação, o que influencia fortemente a relação com o trabalho e, consequentemente, com o líder. É por isso que o consultor e escritor Arthur Bender define a motivação como "uma porta que se abre por dentro".

A força interior chamada de automotivação representa, pelo menos, 50% da motivação. Refiro-me à capacidade de se automotivar que cada ser humano tem e que depende de uma série de aspectos, entre eles, os genéticos e os ambientais.

Os outros 50% são os fatores externos, os quais podem ser diversos. No ambiente de trabalho, é tudo aquilo que uma empresa faz pelos seus empregados: incentivos, benefícios, oportunidades de desenvolvimento, reconhecimento, clima interno saudável, boa liderança e outros.

Ao entendermos a complementaridade e o contraste entre força interior e fatores externos, chegamos à conclusão de que uma empresa, como entidade abstrata, não pode se responsabilizar por 100% da motivação de uma pessoa, porque pelo menos 50% dependem dela própria, ou seja, da sua capacidade de automotivação. Uma empresa pode assumir apenas os outros 50%.

Sobre isso, o psicólogo americano Abraham Maslow costumava dizer que "ninguém motiva ninguém. Quem se motiva é a pessoa, a partir daquilo que ela pretende atingir".

Como líder influenciador, você deve ter como objetivo o engajamento da equipe, uma vez que a motivação depende, em primeiro lugar, de fatores internos, como capacidade de automotivação. Dos fatores externos, como remuneração, benefícios, incentivos, ambiente e liderança, mesmo que você faça parte deles, muitos dependem de decisões da empresa.

Por isso, a minha sugestão é de que você tenha como foco o engajamento da equipe em vez da motivação.

Mas a que as pessoas devem se engajar? Em primeiro lugar, à Cultura, assumindo os comportamentos desejados pela empresa. Em segundo lugar, a fatores mais concretos, como objetivos, estratégias e resultados.

- **Objetivos** – metas que você precisa cumprir por meio do seu trabalho e da sua equipe.
- **Estratégias** – o que você e a sua equipe vão fazer para cumprir com essas metas e conquistar os resultados esperados.
- **Resultados** – reconhecimento e celebração.

O engajamento é algo muito maior do que a motivação, já que consiste no envolvimento genuíno, emocional e ativo de uma pessoa com uma causa, tarefa, equipe ou organização. Ele vai além da simples presença ou do cumprimento de obrigações, representando comprometimento e conexão.

Resumindo, o engajamento existe quando a pessoa se conecta de corpo, mente e coração com o que faz, contribuindo de forma efetiva para os resultados da empresa.

Para identificar quem são as pessoas mais engajadas da equipe, costumo sugerir aos líderes que coloquem o nome delas em um arquivo de Excel e façam um "X" ao lado daquelas que realmente contribuem para os resultados da área e, consequentemente, do negócio. Essas pessoas são as engajadas.

No contexto organizacional, o engajamento pode ser visto como uma medida que reflete a contribuição e o comprometimento de um profissional para com a empresa por meio de talento, inteligência, competência, energia, entusiasmo, envolvimento, disciplina, comprometimento e muitas outras características positivas.

Afinal, de nada adianta ter talento e competência, e estar entusiasmado e disposto a se envolver, se não houver conexão com a estratégia e com aquilo que a empresa deseja atingir. Refiro-me a um contexto corporativo cujo foco final é sempre o resultado. Portanto, para que a pessoa seja considerada engajada, tem que haver uma contribuição real e efetiva dela para os objetivos da empresa.

Dentro desse contexto, existem três dimensões para o engajamento:

- **Emocional** – a pessoa se sente conectada com aquilo que faz, acredita no propósito e se importa com os resultados.
- **Cognitivo** – envolve clareza de metas, entendimento do papel e identificação com os valores da empresa.
- **Comportamental** – que se manifesta por meio de atitudes proativas, colaboração, iniciativa e energia investida nas atividades.

O verbo "engajar" tem origem na palavra francesa engager, sendo um dos seus significados: empenhar-se em uma atividade ou um empreendimento.

Essa definição, apesar de curta, nos faz ver a diferença entre motivação e engajamento: motivação é o sentimento que leva uma pessoa a fazer algo, enquanto o engajamento pressupõe já estar fazendo algo com empenho, gerando uma contribuição concreta para a empresa.

Acima de tudo, engajamento é uma palavra que representa colaboradores seduzidos pelo negócio, alinhados com os seus valores e empenhados em contribuir para o seu sucesso.

A Gallup divide o público interno pelo grau de engajamento da seguinte forma:

- **Engajados** – são os colaboradores leais e psicologicamente comprometidos com a organização, um público mais produtivo e propenso a permanecer na empresa por pelo menos mais de um ano. Colaboradores engajados trabalham com paixão e sentem uma conexão profunda com o negócio. Eles são inovadores e focam no resultado.
- **Não engajados** – são colaboradores que até podem ser produtivos, mas não estão psicologicamente conectados com a empresa. São mais propensos a perder dias de trabalho e a deixar a empresa rapidamente. Colaboradores não engajados estão, essencialmente, "fora do jogo". Eles até podem colocar algum esforço, mas não colocam energia nos projetos dos quais fazem parte.
- **Ativamente desengajados** – são os colaboradores que estão fisicamente presentes, mas psicologicamente ausentes. Eles estão infelizes com a sua situação no trabalho e, muitas vezes, insistem em dividir a sua infelicidade com o restante da equipe. Pessoas ativamente desengajadas costumam desfazer ou criticar aquilo que os mais engajados fazem.

O engajamento é e sempre será um desafio para as empresas, uma vez que todas elas precisam conviver com a complexidade e a variabilidade do elemento humano.

No contexto da Cultura, existe uma pergunta da qual gosto muito:

POR QUE PROFISSIONAIS FANTÁSTICOS
DESISTEM DE EMPRESAS MARAVILHOSAS?

Certamente, a resposta começa e termina no fit cultural. A expressão "fit cultural" refere-se ao grau de alinhamento entre os valores, as crenças, os comportamentos e o estilo de trabalho de uma pessoa e a Cultura Organizacional. É a compatibilidade entre o colaborador e a empresa no que diz respeito à maneira como as coisas são feitas, ao ambiente de trabalho, ao estilo de liderança e aos valores que guiam decisões da Direção e atitudes dos colaboradores no dia a dia.

Um profissional que valoriza autonomia e inovação pode ter um bom fit cultural com startups ou empresas com estruturas mais horizontais. Já alguém que preza por estabilidade e processos bem definidos pode sentir-se melhor em uma organização mais tradicional e hierárquica. Quando uma empresa valoriza muito a colaboração, e o profissional tem preferência por atuar de forma individual, o fit cultural pode ser baixo.

Contudo, existe uma outra pergunta importante: como influenciar para que o fit cultural aconteça?

Certamente não é por meio de um painel na recepção da empresa ou das campanhas de Endomarketing realizadas. A Comunicação Interna é importante, mas não é tudo. O fit cultural acontece aos poucos, a partir das experiências proporcionadas pela empresa e do quanto o líder é capaz de influenciar positivamente a pessoa, gerando o seu desenvolvimento. É por meio da observação que o líder identificará aqueles colaboradores que não demonstram identificação com a Cultura e que precisam de um esforço maior em nível de influência.

O engajamento conquistado a partir do fit cultural e da conexão com o negócio impacta positivamente no desempenho das organizações. Existem muitos dados que mostram o quanto o engajamento impacta a produtividade, a qualidade, a retenção de clientes, a rotatividade, o absenteísmo, a lucratividade e outros fatores.

No entanto, se o engajamento é uma contribuição ou uma participação positiva, as pessoas precisam saber a que se engajar.

Em outras palavras, as pessoas precisam saber o que a empresa espera delas, com o que precisam contribuir ou do que devem participar.

Na cultura japonesa, existe a crença de que é impossível engajar alguém sem metas, com a qual concordo totalmente. Porém, muitas empresas costumam não divulgar as suas metas. Algumas demoram a fazê-lo e, quando acontece, já está muito próximo do final do seu ano fiscal.

Tenho repetido nas minhas palestras que ninguém luta por um objetivo ou uma meta que não conhece. De nada adianta uma empresa querer que os seus colaboradores se engajem em um determinado desafio, se isso nunca foi dito a eles. É dentro desse contexto que a comunicação líder-equipe entra como a grande estratégia de influência.

Depois de tudo o que escrevi sobre o líder influenciador neste capítulo, a sua dúvida, certamente, não está relacionada com "o que você deve ser", mas sim "como você deve agir".

Eu acredito que não existe outro caminho que não seja exatamente esse: comunicar. Porém, não pense que se trata apenas de falar e ouvir. Comunicar pressupõe uma série de outros fatores que você terá acesso neste livro.

Para encerrar esta primeira parte na qual defendi o "ser um influenciador" e o "porquê ser um influenciador", quero registrar que a palavra "líder" tem origem no inglês "leader" que, por sua vez, deriva do verbo "to lead", que significa "conduzir, guiar, levar ou mostrar o caminho".

Essa raiz está ligada à ideia de movimento à frente, ou seja, quem lidera é aquele que vai adiante, abre caminho e serve de guia para os demais.

LÍDER É AQUELE QUE TEM SEGUIDORES.

Queiramos ou não, as pessoas seguem o seu líder. Ao longo de anos no exercício da liderança, vi muitas meninas que faziam parte da minha equipe passarem a se comportar e, até mesmo, a se vestir como eu, influenciadas pelo meu jeito.

Da minha parte, sempre tive consciência de que estava sendo observada e seguida, nos sentidos real e digital, de forma constante, pelos meus liderados.

Outra questão sobre a qual sempre tive consciência é de que, enquanto fundadora da minha empresa e líder de toda a equipe, eu deveria ser a primeira a valorizar e praticar os nossos valores.

O LÍDER TEM QUE AGIR COMO UM INFLUENCIADOR.

Tenha sempre em mente que: se o líder é aquele que tem seguidores, ele realmente tem que agir como um influenciador em todos os sentidos, tendo como base a Cultura Organizacional.

3

CULTURA
DA ROMA ANTIGA AO CORAÇÃO DAS ORGANIZAÇÕES

A palavra Cultura nasceu do latim "colere", associada aos verbos cultivar, cuidar, honrar e habitar. Na Roma Antiga, esse termo era usado com um sentido agrícola, relacionado ao ato de cultivar a terra.

Da mesma forma que os romanos cultivavam o campo, eles acreditavam que era possível cultivar o espírito e a mente, e foi assim que o filósofo romano Cícero (século I a.C.) passou a empregar o termo de forma mais abstrata, utilizando a expressão "Cultura Animi" para definir o que ele chamava de "cultivo da alma".

Ao utilizar essa expressão, ele se referia ao desenvolvimento intelectual e moral do ser humano por meio da Filosofia e da Educação.

Somente a partir dos séculos XVIII e XIX, a Cultura passou a ser vista como um conjunto de manifestações humanas.

Entre essas manifestações, estão: conhecimentos, crenças, arte, moral, leis, costumes e todas as capacidades e os hábitos adquiridos pelo ser humano como membro de uma sociedade. Vejam que esse conceito, depois de ampliado, tornou-se a base para o que hoje entendemos como Cultura.

Há quem diga que a Cultura de uma empresa parte do DNA – essência, identidade ou natureza central de uma pessoa, estando diretamente ligada ao modo de ser de quem a criou. Essa afirmação ganha ainda mais força quando a contrastamos com o livro "A mentalidade do fundador", já citado. Nesse livro, os autores Zook e

Allen defendem que grandes empresas, que se sustentam e crescem, são aquelas capazes de preservar valores originalmente encarnados pelo seu fundador, o que eles chamam de "DNA Cultural Interior".

O DNA se expressa pela missão insurgente, pela obsessão com a linha de frente e pela mentalidade de dono – pilares que moldam como os fundadores agem desde o início da jornada.

Essas colocações nos permitem uma reflexão importante: por mais que uma Cultura mude, transforme-se ou aprimore-se, ela sempre terá pelo menos um pouco do DNA – resquícios da propriedade de quem a criou –, o que pode ser benéfico ou não.

Entretanto, nas empresas em que não existiu ou existe um "fundador", é possível que as características e os comportamentos iniciais mudem totalmente ao longo do tempo por meio de processos de transformação ou evolução.

Quando criei a Happy, no ano 2000, o fiz baseada em três valores pessoais: disciplina, disponibilidade e delicadeza. Eles representavam como eu desejava que a empresa fosse. Além de ser uma pessoa altamente disciplinada, sempre me coloquei como disponível para as pessoas e as empresas com as quais interagi. A delicadeza, por sua vez, era algo que eu considerava essencial para a construção de um bom ambiente organizacional.

Hoje, 25 anos depois, esses valores continuam presentes na Cultura da minha empresa. Outros valores foram ou serão agregados? Sim, mas a essência que deu origem a ela permanece e, certamente, permanecerá enquanto ela existir.

Voltando à definição do conceito, é comum usarmos a palavra Cultura de forma isolada, mesmo quando nos referimos à Cultura de uma empresa. Entretanto, essa palavra, quando sozinha, tem um sentido muito amplo e se refere a povos, civilizações, nações e grupos étnicos, além de englobar língua, religião, arte, culinária, leis, rituais, tradições, entre outros.

Quando associada às expressões "organizacional" ou "empresarial", a palavra Cultura passa a representar o conjunto de valores, políticas, práticas e comportamentos de uma organização.

É algo específico do ambiente empresarial que influencia o modo com que Direção, lideranças intermediárias e colaboradores de base interagem, tomam decisões, se comunicam e percebem a empresa.

ONDE EXISTEM PESSOAS, EXISTE CULTURA.

Essa frase destaca uma verdade fundamental sobre a natureza da Cultura: ela é inerente à presença humana e se manifesta sempre que há interação social.

As instituições – sejam elas empresas, escolas, igrejas, organizações não governamentais (ONGs) ou órgãos públicos – são formadas por pessoas com objetivos, normas e comportamentos comuns. Assim, haver uma Cultura é algo inevitável, porque ela surge naturalmente da convivência entre os seus membros.

Toda instituição desenvolve padrões próprios de conduta, linguagem, valores, símbolos e rituais. Em uma empresa, isso é o que chamamos de Cultura Organizacional ou Empresarial, e mesmo que não seja formalizada por meio de uma identidade verbal e visual, influencia como as decisões são tomadas, como as pessoas se comportam e, consequentemente, como lidam com mudanças e conflitos. Um hospital, por exemplo, pode ter uma Cultura centrada na empatia e no acolhimento, ou uma Cultura mais técnica e hierárquica.

Acredito que a Cultura Organizacional pode ser comparada ao corpo humano, em uma metáfora que considero rica e que pode ser muito útil para ilustrar como os diferentes aspectos de uma empresa interagem de forma integrada. Aqui estão alguns comentários sobre essa analogia:

- **Coração** – são os elementos da Cultura Organizacional como propósito, missão, visão e valores.
- **Metabolismo** – são os comportamentos das pessoas no dia a dia, que representam, ou não, a prática da Cultura.
- **Esqueleto e músculos** – são as políticas e os processos que movimentam a empresa.
- **Sistema nervoso** – é a Comunicação Interna, que promove a união de ideias, áreas, pessoas e outros.
- **Sistema imunológico** – é o sistema de defesa contra comportamentos negativos.
- **Doenças** – é quando uma Cultura disfuncional compromete o desempenho geral.

Reforçando o fato de que a cultura é um fenômeno humano, ela existe sempre que crenças, costumes e comportamentos são compartilhados e transmitidos. Desde pequenos grupos, como uma família ou uma equipe, até grandes sociedades, a Cultura está presente, mesmo que de maneira informal.

Por ser decorrente do comportamento humano, podemos dizer que a cultura evolui com o tempo, moldada por experiências, linguagens, símbolos e práticas.

Um grupo de amigos, por exemplo, pode desenvolver piadas internas, códigos de linguagem e preferências que passam a fazer parte da Cultura daquele grupo. Isso significa que a Cultura não depende do tamanho ou do grau de formalidade; basta que haja interação humana para que ela exista.

Em uma empresa familiar, a Cultura da família e da empresa

podem se complementar ou sobrepor. Há pouco tempo, nas redes sociais, me deparei com um post sobre a reunião de Diretoria de uma empresa que conheço. Na imagem, aparecia uma mesa de reuniões com várias pessoas ao redor dela, cada uma tendo, à sua frente, uma garrafa térmica e uma cuia de chimarrão (bebida característica do Rio Grande do Sul).

Somente naquela foto estavam retratados quatro tipos de culturas que se sobrepõem e se complementam: familiar, organizacional, local e do segmento ao qual pertence a empresa.

- **Cultura familiar**, porque a Diretoria é composta por pessoas da mesma família, o que torna a reunião menos formal, fazendo com que os membros se permitam trazer o seu chimarrão.
- **Cultura empresarial**, porque é uma reunião sistemática de Diretoria que acontece em um determinado dia da semana, há anos, para a troca de informação e tomada de decisão.
- **Cultura local**, porque o chimarrão é uma bebida quente característica do estado no qual está localizada a empresa.
- **Cultura do segmento**, por se tratar de uma empresa do agronegócio, na qual o chimarrão é um hábito.

Neste livro, considero importante abordar o conceito de Cultura Organizacional usando uma linguagem simples e conectada com os novos tempos, pois o meu objetivo não é o de defender uma tese acadêmica, mas fazer com que qualquer nível de liderança tenha uma visão simples e clara sobre esse tema.

Para isso, faço uso do termo criado e utilizado pela consultora Betânia Tanure, especialista no assunto. Ela diz que "Cultura Organizacional é o jeito de ser e de fazer de uma empresa".

Você certamente já ouviu esta frase: "Cultura Organizacional é como as pessoas pensam, agem e tomam decisões no dia a dia de uma empresa, mesmo quando ninguém está olhando". Embora sem um autor único reconhecido, essa frase expressa bem um princípio essencial da Cultura empresarial: aquilo que as pessoas fazem por hábito, especialmente nos momentos não observados, é o verdadeiro termômetro da Cultura. É o sistema operacional invisível que guia comportamentos, atitudes, decisões e escolhas, incluindo, também, a comunicação.

A Cultura não é o que está nos slogans, nos murais ou nos manuais – ela está no que realmente acontece. É no cotidiano, nas escolhas automáticas e naquilo que as pessoas fazem que a Cultura ganha vida.

Ao longo da minha vida profissional, muitas vezes ouvi dizer que uma Cultura Organizacional não muda, o que é uma percepção totalmente equivocada, especialmente se partirmos do princípio de que a empresa é um organismo vivo que se movimenta, o que acontece a partir da influência de muitos fatores, entre eles, o humano.

Sim, a Cultura de uma empresa passa por transformações profundas ao longo do tempo, determinadas por questões como crescimento, mudanças e movimentações do mercado, inovação tecnológica, novas gerações de profissionais e crises internas ou externas e muitos outros fatores. Essas mudanças podem ser naturais, intencionais ou necessárias para a sobrevivência do negócio.

A verdade é que uma Cultura Organizacional nunca será estática.

Mesmo que uma empresa decida jamais mudar a sua Cultura, ela evoluirá com o tempo, refletindo transformações internas, contextos externos e, até mesmo, a estratégia do negócio.

Convivendo com empresas de diversos segmentos, tenho visto muitas delas passando por um processo de evolução da Cultura, um movimento que parece partir da necessidade de uma maior clareza, estrutura e intencionalidade tanto do propósito quanto dos valores.

Ao mesmo tempo, em função de um público interno mais jovem, as empresas estão tendo que migrar de uma estrutura baseada em comando e controle para a adoção de uma Cultura mais horizontal, que valoriza a autonomia e a responsabilidade compartilhada.

Um exemplo disso é a empresa Netflix, que passou de uma empresa que alugava DVDs para uma grande representante do streaming. Durante essa transição, sua Cultura precisou evoluir para atrair talentos de alta performance. Hoje, a Cultura de liberdade com responsabilidade da Netflix apoia a sua estratégia de inovação e de resposta rápida ao mercado.

Um exemplo contrário, muito comentado no mercado corporativo, é o da empresa Kodak, uma marca que foi importante para a minha geração. Essa empresa, mesmo identificando que as câmeras digitais profissionais chegariam para ficar (as de bolso foram substituídas pelos smartphones), não conseguiu reagir e perdeu não apenas relevância, mas o seu lugar no mercado. Há quem diga que a empresa tinha uma Cultura de resistência à mudança, o que contribuiu fortemente para isso.

Já a Microsoft, quando surgiu no mercado, tinha como propósito original "um computador em cada mesa e em cada lar". Com os avanços do mundo tecnológico, esse propósito deixou de fazer sentido e de representar o negócio no qual a empresa tinha a pretensão de se tornar. A Microsoft, então, reviu o seu propósito e, sem mudar a sua essência, adotou um novo conceito que é "empoderar cada pessoa e cada organização do planeta a realizar mais". Hoje, seus valores representam e impulsionam esse propósito.

O que desejo mostrar aqui é que uma Cultura Organizacional pode ser repensada, melhorada, adaptada, transformada e potencializada para apoiar a estratégia de uma empresa.

Organizações bem-sucedidas sabem fazer evoluir a sua Cultura sem desconsiderar o seu DNA. Elas tratam a Cultura como um ativo vivo que precisa ser cuidado, ajustado e liderado com intencionalidade. Se você, líder, está percebendo esse processo de transformação ou evolução cultural acontecendo na sua empresa, não lute contra. Ao contrário, faça parte dele como um influenciador.

Como consultora na área de Comunicação Interna, tenho tido o privilégio de acompanhar tanto processos de evolução quanto de transformação cultural. Geralmente, o termo "transformação" é usado quando a empresa deseja provocar uma mudança mais rápida, intencional e/ou disruptiva. É comum as empresas quererem descartar hábitos antigos, decorrentes do seu DNA, construindo uma outra realidade a partir de novos comportamentos.

O termo "evolução", por sua vez, é mais usado quando a empresa deseja preservar aspectos importantes da sua Cultura, porém entende que precisa acompanhar o movimento do mercado e do mundo, evoluindo para um jeito de pensar e de fazer mais moderno e coerente com as novas gerações que estão chegando na empresa.

EVOLUIR A CULTURA É UM SINAL DE MATURIDADE ORGANIZACIONAL.

A maioria das empresas vem fazendo um movimento de evolução da sua Cultura e não de ruptura. São empresas que certamente ganharão em relevância, atratividade e capacidade de adaptação, criando ambientes nos quais diferentes gerações colaboram, inovam e constroem o futuro juntas.

O desafio está em preservar o que é essencial (DNA), atualizando aquilo que é necessário. Na linguagem da tecnologia, seria como atualizar um sistema sem apagar a memória central, mantendo a identidade e ganhando desempenho.

Tudo isso é um reflexo direto das mudanças sociais, tecnológicas e econômicas das últimas décadas. O que antes era visto como secundário - clima organizacional, propósito e bem-estar - hoje é tratado como estratégico e urgente. Essa evolução é visível em diversos aspectos: no modelo de gestão, na relação com os colaboradores, no propósito e até mesmo no formato de trabalho.

Neste cenário, as empresas que não promoverem uma evolução cultural consciente e consistente, mantendo-se rígidas, hierárquicas e fechadas à inovação, certamente perderão em competitividade no médio e longo prazo.

Hoje, a Cultura das empresas modernas precisa estar cada vez mais centrada em propósito e impacto, pois as pessoas querem sentir que estão contribuindo para algo maior. Nesse caso, a horizontalidade e a autonomia são fatores determinantes.

Outras características que fazem parte da evolução cultural são a flexibilidade e a adaptabilidade, valorizando a experimentação e o aprendizado, sendo sustentadas por uma comunicação aberta e transparente. Sobre esse tipo de comunicação, refiro-me à informação como estratégia de engajamento, feedbacks constantes, reuniões francas e foco na melhoria contínua.

Para complementar, empresas com uma Cultura atualizada são humanizadas, investindo na diversidade de pessoas, ideias e experiências. São culturas que priorizam a autenticidade, permitindo que as pessoas sejam e se manifestem como quem realmente são.

E o mais importante: as empresas que buscam evoluir para uma Cultura mais moderna, humana e voltada para a inovação estão migrando para um modelo de liderança muito diferente do tradicional. Em vez do "chefe" controlador, hierárquico e focado apenas em resultados, elas estão investindo em líderes que inspiram, escutam, facilitam e criam ambientes de confiança e aprendizado, ou seja, líderes capazes de inspirar e influenciar suas equipes.

O mercado está repleto de bons exemplos: um banco digital que aposta em lideranças próximas, com foco em Cultura e autonomia; uma empresa de streaming de conteúdo audiovisual que valoriza líderes capazes de confiar nas equipes e incentivar a liberdade com responsabilidade; uma grande empresa do setor de bebidas que tem investido na transformação de sua Cultura com foco em líderes mais humanos, digitais e colaborativos; e uma empresa que produz serviços de internet, promovendo líderes cujo foco seja priorizar a segurança psicológica, a escuta ativa e o aprendizado.

Recentemente, uma das maiores empresas de tecnologia do mundo passou de uma Cultura interna competitiva e agressiva para um contexto de aprendizado contínuo, colaboração e empatia. Uma transformação que dependeu diretamente da atuação dos seus líderes.

Dentro da percepção de que lucro importa, mas propósito e impacto social também, já que são grandes motores culturais, temos uma indústria brasileira do segmento de beleza que construiu uma Cultura baseada em sustentabilidade e responsabilidade social muito antes disso ser valorizado pelo mercado. Hoje, ela colhe os frutos com forte engajamento interno e reputação global. Nessa empresa, tanto os líderes quanto os colaboradores de base sentem-se privilegiados por fazer parte de algo tão significativo.

A chegada da covid-19 promoveu a mudança do trabalho presencial para modelos mais flexíveis e híbridos. Embora muitas empresas tenham voltado para o modelo presencial, a necessidade do home office durante a pandemia fez com que elas entendessem que autonomia e confiança são mais importantes que controle de horário ou presença física. Hoje, mesmo as empresas cujo formato de trabalho é presencial estão mais flexíveis para uma série de questões humanas.

Algo que também se caracteriza como uma evolução importante é a preocupação das empresas em construir ambientes nos quais as pessoas não tenham medo de errar ou expressar a sua opinião, dando lugar a espaços de abertura, criatividade e segurança emocional. Em seu projeto "Aristóteles", o Google descobriu que o principal fator de times de alta performance é a segurança psicológica, ou seja, sentir-se à vontade para ser autêntico e vulnerável no grupo.

O ERRO É PARTE IMPORTANTE DO PROCESSO DE INOVAÇÃO.

Jeff Bezos representa muito bem essa Cultura, usando com frequência a figura das duas portas - Porta 1 e Porta 2 - para explicar dois tipos diferentes de decisões dentro das empresas, que pratica na Amazon, empresa que fundou.

- **Porta 1** - aquela que se fechará logo após a tomada de decisão. São decisões irreversíveis, complexas e difíceis de desfazer, que devem ser tomadas com cautela, análise profunda e envolvimento de líderes experientes.
- **Porta 2** - aquela que permanecerá aberta e por meio da qual o líder poderá retornar. São decisões reversíveis, rápidas e com pouco risco, que devem ser tomadas rapidamente e em níveis mais baixos da organização.

Considero essa metáfora importante porque vejo alguns consultores de gestão preocupados com o que chamam de "romantização do erro". Eles ressaltam o quanto um erro pode custar caro para uma empresa, especialmente no atual cenário, no qual uma simples notícia pode abalar fortemente a reputação de uma empresa. A metáfora das duas portas nos mostra onde e quando podemos arriscar (porque o risco existe e um líder não pode desconsiderá-lo).

Na Happy, tomei muito cedo a decisão de jamais perder tempo diante de um erro. Em uma empresa alicerçada em processos, na qual um mesmo trabalho passa por diversos profissionais, o erro é decorrente da atuação de várias pessoas. Portanto, em vez de identificar o culpado, ou os culpados, sempre orientei para que buscássemos a solução o mais rápido possível, transformando o erro em aprendizado.

Quanto à metáfora das portas, ela me interessou porque representa uma frase que sempre usei na minha gestão "não tenho nenhum problema em voltar atrás. Se não der certo, voltaremos rapidamente".

Segurança psicológica é um assunto sobre o qual pouco se falava quando criei a minha empresa, bem como ao longo do tempo em que fui gestora. Mesmo assim, acredito que tanto o meu pensamento quanto a minha forma de agir ajudaram as pessoas a se sentirem seguras diante do erro ou da possibilidade de errar.

Dentro desse mesmo contexto de evolução, temos a diversidade como um ativo estratégico e não apenas como uma exigência social, assunto que abordarei mais à frente. Com programas de trainee voltados para grupos sub-representados, algumas empresas colocaram a diversidade no centro da sua estratégia cultural, com impacto positivo em reputação e inovação.

Tudo isso nos faz ver que a evolução cultural nas empresas é uma realidade, caracterizando-se como uma resposta à complexidade do mundo moderno. As organizações que entendem isso, sem dúvida alguma, saem na frente, atraindo os melhores talentos, inovando mais rápido, retendo conhecimento e construindo uma reputação sólida.

E assim, a Cultura vai deixando de ser um meio para se tornar um fim em si mesma, sustentando tudo o que uma empresa é e faz.

UMA CULTURA PRECISA SER REPRESENTADA.

Com a evolução do uso das técnicas e estratégias de Marketing na Comunicação Interna, que originou o Endomarketing, as empresas passaram a usar uma identidade verbal e visual para divulgar a sua Cultura.

Os quatro conceitos - propósito, missão, visão e valores - são considerados pilares fundamentais dessa identidade porque ajudam a definir o que a empresa é, no que acredita, para onde deseja ir e como age. Porém, nem todas as empresas usam esses quatro conceitos. Hoje, tem sido comum empresas resumirem a sua Cultura em propósito e valores. A seguir, está uma explicação resumida sobre cada um deles:

- **Propósito**, é o porquê a empresa existe e qual a sua importância para o mundo.
- **Missão**, é o que a empresa faz; aquilo que ela realiza, de fato, para executar o seu propósito.
- **Visão**, é o patamar no qual a empresa deseja chegar; seus objetivos e suas metas a longo prazo.
- **Valores**, é no que a empresa acredita e como ela se comporta.

Esses conceitos, associados a uma definição mais profunda que os explica e sustenta, compõem o que chamamos de identidade verbal da Cultura Organizacional, o que é de extrema importância para o seu processo de divulgação. Entretanto, a identidade verbal não é suficiente. Para que a comunicação da Cultura seja completa, deve existir, também, a identidade visual, quando a empresa utiliza imagens, letterings, ícones e outros elementos da programação visual para "desenhar" o seu jeito de ser e fazer.

A agência de Endomarketing da qual sou sócia e Conselheira é especialista em criar identidades verbal e visual para Cultura, já tendo realizado esse trabalho para empresas de vários segmentos da Economia. Pelo fato de as culturas evoluírem de forma constante, essa tem sido uma demanda permanente.

É importante que você veja a Cultura como uma manifestação da organização. Por isso, as identidades verbal e visual são necessárias. Afinal, a Cultura se manifesta, por meio dos elementos (propósito, missão, visão e valores) para expressar como pensa, se comporta e age. Essa manifestação representa, também, aquilo que a empresa espera dos públicos com os quais convive, especialmente colaboradores, profissionais terceirizados e fornecedores.

MANIFESTAÇÃO = MANIFESTO + AÇÃO.

Quando partimos a palavra "manifestação" ao meio, temos o seguinte:

- A primeira parte: "manifesto" – que é a declaração da empresa por meio do propósito, da missão, da visão e dos valores.
- A segunda parte: "ação" – que representa a prática da Cultura.

Sabemos que de nada adianta a empresa apresentar a sua Cultura por meio de uma identidade verbal e visual criativa e consistente em nível de conteúdo, se a prática dos valores propósito/missão/visão/valores não for incentivada.

As experiências que vivi trabalhando em processos de Cultura mostraram que a prática dos valores é o maior desafio das empresas e, para isso, elas dependem diretamente dos seus líderes.

Imagine duas empresas que têm o mesmo valor: "Valorizamos a colaboração". Na empresa A, as pessoas se ajudam, compartilham ideias, pedem opinião antes de tomar decisões e os líderes incentivam, praticam e reconhecem isso publicamente. Na empresa B, cada um trabalha isolado, líderes incentivam a competição interna e ninguém tem tempo para escutar o outro.

Ambas dizem que têm uma Cultura colaborativa, porém só na empresa A esse valor é vivido de verdade. Cultura Organizacional é, portanto, aquilo que acontece de fato.

Defendo a ideia de que Cultura Organizacional é o comportamento coletivo da empresa na prática, aquilo que guia as atitudes diárias, com ou sem supervisão. Mas essa definição – com ou sem supervisão – não invalida o papel da liderança. Ao contrário, o comportamento do líder é decisivo para a Cultura.

Criar e veicular uma campanha de divulgação dos elementos da Cultura é fácil, o difícil é viver esses valores no dia a dia, especialmente quando se trabalha sob pressão por resultados. É dentro desse cenário que os líderes se tornam peças-chave, porque são eles que têm a responsabilidade de transpor a Cultura da teoria para a realidade por meio das suas atitudes, decisões e formas de conduzir o time.

Nada é mais poderoso culturalmente do que um líder que age de acordo com os valores que prega. Se ele cobra colaboração, mas trabalha de forma autoritária, o time segue o comportamento – não o discurso. Da mesma forma, o líder deve recompensar e reconhecer atitudes que estejam alinhadas aos comportamentos que representam cada valor.

Quando alguém age contra a Cultura e isso é tolerado pelo líder, o grupo entende que o seu discurso não é verdadeiro, passando, inclusive, a debochar dele. Todo líder, independentemente do seu nível, precisa ter a coragem necessária para ocupar o lugar de guardião da Cultura, identificando aqueles que precisam de alinhamento.

A expressão da Cultura acontece no dia a dia, nas pequenas decisões, nos exemplos silenciosos e nas correções firmes. O papel do líder não é apenas o de repetir os valores da empresa – é ser a maior referência de como eles são vivenciados no dia a dia. Quando isso acontece, a Cultura deixa de ser um discurso bonito e passa a ser um modo real de fazer as coisas.

Os próximos capítulos deste livro são exatamente sobre isso:

como o líder pode influenciar os seus liderados para que a Cultura da empresa seja assimilada, aceita, praticada e, acima de tudo, se torne forte ao ponto de contribuir para o cumprimento da estratégia.

Uma Cultura Organizacional forte é aquela que tem:

- **valores definidos e assumidos** – valores apresentados com clareza por uma narrativa que representa a empresa;
- **valores identificados e compartilhados** – valores sendo visualizados e sentidos nos materiais de comunicação e nas atitudes da liderança;
- **valores influenciados e incentivados** – líderes representando e agindo em favor dos valores e da Cultura como um todo; e
- **valores sendo praticados** – colaboradores alinhados com os valores e com comportamentos que os representam.

CULTURA ORGANIZACIONAL FORTE É AQUELA QUE "PERMITE" OU "NÃO PERMITE" DETERMINADOS COMPORTAMENTOS.

Essa frase destaca o papel normativo da Cultura: ela funciona como um sistema invisível de regras, valores e crenças que dizem, na prática, o que pode ou não pode ser feito dentro da organização - independentemente do que está escrito. Refiro-me àquilo que é "tolerado" ou "não tolerado" dentro da Cultura que está sendo construída ou que já existe e encontra-se em um processo de evolução.

Na empresa que criei, um dos valores é "Delicadeza". Isso significa que os profissionais de atendimento devem tratar o cliente dessa forma, ou seja, tendo esse valor como referência. Contudo, muitas vezes nos deparamos com clientes que tratam os nossos profissionais de atendimento com total desrespeito. O que fazemos? Abrimos mão desses clientes, mesmo que essa decisão signifique prejuízo financeiro para o nosso negócio. Em 25 anos de atuação, já deixamos de atender grandes marcas por esse motivo. Foram muitas as vezes que agimos dessa forma e não nos arrependemos disso.

Como exigir de um colaborador que aja em coerência com um determinado valor se ele é tratado da forma inversa? Uma Cultura forte não permite que isso aconteça.

Essa prática sempre transmitiu confiança ao público interno da Happy que, por sua vez, sente-se encorajado a compartilhar situações que não refletem os valores nem as condutas que prezamos.

Assim, uma Cultura forte não é aquela representada por frases bonitas e impactantes – é aquela que define claramente as "regras do jogo" que não estão escritas, moldando comportamentos de forma consistente e previsível. Isso cria alinhamento, identidade e segurança dentro da empresa.

TER UMA CULTURA FORTE É SUFICIENTE?

Não. Uma Cultura, para ser realmente forte, precisa ser capaz de apoiar a estratégia da empresa.

Muito se fala sobre Cultura Organizacional como um "ativo intangível", mas seu papel é muito mais prático e decisivo do que parece. Uma Cultura forte, quando bem alinhada à estratégia, é uma das maiores alavancas de performance de uma empresa. Por outro lado, uma Cultura desalinhada ou tóxica pode sabotar completamente as melhores estratégias.

Uma frase muito usada quando se fala em Cultura é: "a Cultura come a estratégia no café da manhã". Ela é atribuída ao Consultor e Escritor Peter Drucker, e sua versão original é "a Cultura consome a estratégia no café da manhã". Essa frase pode parecer exagerada, mas ilustra muito bem uma verdade: estratégia é plano. Cultura é comportamento. É o comportamento das pessoas que executam (ou não) qualquer plano.

Dentro do mesmo sentido da frase de Peter Druck, prefiro outra que é do Empresário, Consultor e Cofundador da HSM - Educação Executiva, José Salibi Neto: "A cultura toma café da manhã, almoça e janta todos os dias com a estratégia. Ela deve estar casada com a estratégia".

Cabe às empresas entenderem que não é a estratégia que deve se adaptar à Cultura. É a Cultura que tem que estar a serviço da estratégia, permitindo que ela aconteça verdadeiramente, para que os resultados desejados sejam atingidos.

O próximo capítulo deste livro é sobre isso.

4

ESTRATÉGIA
UMA PALAVRA MUITO USADA E POUCO ENTENDIDA

Quantas vezes você ouve a palavra "estratégia" no seu dia a dia de trabalho? Com certeza, muitas. É possível que você encontre essa palavra inúmeras vezes em livros, artigos, palestras, discursos, relatórios, planejamentos, conteúdos nas redes sociais e outros.

A palavra "estratégia" é amplamente usada no mundo corporativo, muitas vezes de forma vaga ou genérica. Isso acontece porque a ideia de haver uma estratégia transmite seriedade, visão de futuro e controle. Então, é comum que empresas a utilizem de forma contínua.

Ocorre que existe um valor simbólico associado a essa palavra. Dizer que uma decisão é estratégica, por exemplo, parece justificá-la e torná-la melhor. Trata-se de um adjetivo que carrega um peso positivo, o que intensifica o seu uso.

Mas até que ponto você, líder, entende verdadeiramente o que é estratégia?

Quando afirmo que a Cultura é cada vez mais um diferencial estratégico para as empresas, estou reforçando esse diferencial e colocando-o em um patamar superior, porque o simples uso da palavra passa a ideia de que aquilo foi amplamente pensado ou que houve o emprego de uma determinada inteligência para que a Cultura tenha se tornado um diferencial.

Entretanto, o que a frase quer dizer é que cada vez mais a Cultura é reconhecida como um fator central do sucesso (ou do fracasso) de uma empresa, especialmente em mercados altamente competitivos e em constante transformação.

A realidade mostra que "estratégia" virou uma palavra-chave no vocabulário empresarial. Útil? Sim, mas também sujeita a abuso. Para ser mais do que um jargão, ela precisa vir acompanhada de clareza, foco e execução real.

A palavra "estratégia" tem origem no grego antigo, e seu significado original está profundamente ligado ao contexto militar. Com o tempo, esse conceito foi expandido e passou a referir-se a qualquer plano deliberado de ação para alcançar objetivos de longo prazo, geralmente em contextos complexos e competitivos.

Esse é um conceito que nasceu, portanto, no campo de batalha – como a arte de liderar exércitos com inteligência e visão – e evoluiu para descrever a arte de vencer desafios em qualquer contexto da vida ou dos negócios.

Michael Porter, um dos principais pensadores da Administração e Economia, define estratégia como: "a criação de uma posição única e valiosa, envolvendo um conjunto diferente de atividades."

A expressão "um conjunto diferente de atividades" refere-se a uma junção de caminhos ou diferenciais que determinam se a empresa alcançará ou não os resultados desejados. Para Michael Porter, estratégia é sobre diferenciação: "fazer escolhas conscientes sobre o que fazer e o que não fazer".

Em uma visão muito simples, pode-se dizer que:

- **objetivo** é "aonde a empresa deseja chegar"; e
- **estratégia** é "o que a empresa fará para chegar nesse lugar".

Estratégia é, por conseguinte, o caminho que será trilhado para que o objetivo seja atingido.

Muitas vezes, um único objetivo exige vários caminhos, isto é, estratégias.

Seguindo a linha de pensamento de Michael Poter, quanto mais diferentes, inovadores e imprevisíveis forem os caminhos determinados pela empresa para chegar aonde ela pretende, maior será o seu sucesso. Por isso, a palavra "estratégia" é muito associada à diferenciação.

Isso se aplica às empresas e a qualquer situação de vida. Quando decidi que queria ser uma profissional conhecida e reconhecida como uma especialista em Comunicação Interna e Endomarketing, determinei o lugar que desejava ocupar no mercado. Porém, para isso, eu precisava definir quais estratégias, ou seja, quais caminhos deveria seguir para atingir esse patamar. Escolhi três estratégias/caminhos que me levaram ao lugar que eu desejava:

- Escrever um livro técnico sobre o assunto a cada três anos.
- Criar uma agência especializada na comunicação com empregados, que se tornou a primeira e a maior do País.
- Me tornar uma palestrante.

Dessas três estratégias, apenas a última não era diferenciada. As outras duas ainda não tinham sido adotadas por nenhum profissional. Portanto, havia uma grande chance de sucesso.

Ao relacionar "estratégia" com "caminho", estou usando uma metáfora que considero simples e adequada para o entendimento desse conceito.

Acredito que quando falamos em estratégia, estamos, na prática, definindo um caminho a ser seguido. Trata-se de uma escolha consciente sobre como e por onde a empresa vai caminhar para atingir seus objetivos de longo prazo.

Assim como em uma trilha, temos que:

- **definir o lugar no qual queremos chegar** – resultados que queremos obter;

- **escolher o melhor caminho para chegar nesse lugar** – definir as melhores e as mais diferenciadas estratégias;
- **considerar os recursos e as competências que temos e o terreno que vamos encontrar** – avaliar as nossas condições e, também, as do mercado;
- **evitar atalhos arriscados** – declinar de certos caminhos, mesmo que pareçam atraentes; e
- **encarar os obstáculos** – reconhecer e enfrentar os desafios.

Sem definir a estratégia, ou seja, o caminho a seguir, a empresa pode estar em movimento, mas não terá uma direção clara. Isso pode gerar dispersão de esforços, decisões contraditórias e perda de identidade.

Todavia, se a empresa tiver clareza sobre "o que" precisa fazer para atingir o resultado desejado, as decisões serão mais consistentes, as pessoas entenderão o seu papel no percurso e a Cultura Organizacional, por sua vez, contribuirá para que a estratégia realmente aconteça.

DETERMINAR A ESTRATÉGIA É ESCOLHER O CAMINHO QUE A ORGANIZAÇÃO IRÁ SEGUIR.

Essa visão reforça que estratégia não é apenas planejamento técnico, mas uma decisão de direção e diferenciação. E como todo caminho, exige constância, adaptação e coerência com o destino escolhido. É por isso que a maioria das organizações tem o seu planejamento estratégico. Como mapa estratégico, entendemos a representação visual dos caminhos que a empresa deverá seguir.

Definida a estratégia a seguir, a empresa precisa da liderança para promover o alinhamento das pessoas. Afinal, uma estratégia não conhecida nem trabalhada pelo público interno não passa de um plano no papel.

É nesse contexto que o líder se torna uma figura central para garantir que a estratégia seja compreendida, vivida e executada por toda a organização. Hoje, as empresas usam muito a palavra "traduzir" para dizer que essa é uma das responsabilidades do líder: traduzir a estratégia da empresa para as suas equipes.

É por isso que me preocupei em explicar neste livro, de uma forma simples, o que é exatamente uma estratégia.

Ocorre que as estratégias são comumente formuladas no nível mais alto da organização, com conceitos e metas, por vezes complexas ou abstratas. Cabe ao líder traduzir esses conceitos de forma clara e aplicável no dia a dia da sua equipe. Desse modo, o líder se coloca como um elo entre a estratégia e o funcionamento operacional.

Tenho como hábito dizer que o elo entre cultura e estratégia é humano.

Acredito, realmente, que o líder tem a responsabilidade de colocar a Cultura Organizacional a serviço da estratégia. Afinal, sabemos que as pessoas não se engajam com metas apenas porque elas estão escritas em um planejamento. Cabe ao líder dar significado à estratégia, explicando o quanto ela importa e como cada colaborador pode fazer a sua parte.

Quando a estratégia faz sentido para as pessoas, ela se transforma em engajamento e direção.

Isso é importantíssimo pelo simples fato de que toda estratégia precisa de uma Cultura que a sustente. Mais do que isso, toda estratégia precisa de uma Cultura que a empurre para a frente, fazendo com que realmente aconteça – e os líderes são os principais influenciadores desse processo por meio da sua voz e do seu exemplo.

Assim como a Cultura Organizacional, a estratégia não deve ser comunicada para o público interno apenas uma vez. Depois de traduzi-la para uma linguagem simples e coerente com a operação da sua área, o líder deve repeti-la incansavelmente, conectando as decisões tomadas com ela e, principalmente, celebrando os resultados alinhados a ela.

Cada decisão, feedback, reconhecimento ou correção é uma oportunidade de reforçar tanto a Cultura quanto a estratégia. É dentro desse contexto que entra o "permitir" ou o "não permitir", o "tolerar" ou o "não tolerar". Diante de cada comportamento ou decisão, o líder pode utilizar duas perguntas que considero muito poderosas:

- É coerente com a nossa Cultura?
- Contribui para a nossa estratégia?

Essas perguntas, quando feitas de forma constante, funcionam como um filtro para a tomada de decisão, ajudando o líder a agir com coerência e foco. São perguntas que permitem alinhar a ação do líder aos dois pilares mais importantes da gestão de uma empresa: Cultura e estratégia.

Porém, existem ainda outros desafios relacionados à estratégia como, por exemplo, estabelecer prioridades, ajustar recursos e garantir que as metas individuais e de equipe sejam coerentes com os objetivos estratégicos da organização. Para isso, o líder terá que promover um alinhamento de processos, metas e métricas.

Outro desafio é entender que a estratégia não é estática. Muitas vezes, a empresa precisa mudar o caminho, e cabe ao líder manter-se atento e adequar o trabalho da sua equipe às mudanças que ocorrerem durante o processo.

Resumindo, dentro do universo da estratégia, é o líder que transforma intenção em realidade.

Uma transformação que somente é possível se a Cultura Organizacional estiver sendo trabalhada de forma a realmente cumprir com a estratégia.

Uma estratégia de inovação, por exemplo, exige uma Cultura que valorize a experimentação, o aprendizado por meio do erro e a colaboração. Uma estratégia de eficiência operacional precisa de uma Cultura disciplinada e orientada para processos, além de um alto nível de exigência por parte das lideranças. Uma estratégia de crescimento acelerado, por sua vez, se sustenta melhor se a Cultura for ágil, com decisões rápidas e riscos calculados.

A CULTURA FUNCIONA COMO SUSTENTAÇÃO PARA A ESTRATÉGIA.

Assim, os colaboradores sabem, mesmo sem consultar manuais, o que é esperado, aceito ou rejeitado. É como se fosse uma bússola.

Em contraponto, também vale exemplificar situações em que a incoerência entre a estratégia adotada e a Cultura Organizacional vigente dificulta ou, até mesmo, impede o processo. Uma empresa que diz querer ser digital, mas tem uma Cultura avessa à mudança e ao risco, nunca atingirá o seu objetivo. Uma empresa que define, como estratégia, foco no cliente, mas a sua Cultura premia apenas resultados financeiros e não a experiência do consumidor, não terá bons resultados. Uma empresa que deseja descentralizar as decisões, mas os líderes mantêm um controle rígido, desestimulando a autonomia, também não conseguirá atingir o seu objetivo.

Nesses cenários, a Cultura age como um sistema imunológico: rejeita tudo que é novo ou "estranho", mesmo que seja estratégico. A empresa pode investir em tecnologia, processos e consultorias, mas a execução falhará porque as pessoas continuarão agindo de acordo com o padrão cultural estabelecido.

Empresas que compreendem essa dinâmica tratam a Cultura não como algo simbólico, mas como uma ferramenta que está a serviço da estratégia. Isso significa trabalhar ativamente a Cultura para sustentar o crescimento, adaptar-se a mudanças e reforçar comportamentos que tornam a estratégia possível.

O que desejo mostrar, neste capítulo, é que Cultura e estratégia precisam andar juntas, ou seja, não são temas separados. Ao contrário, elas são partes de um mesmo sistema.

A cultura é o solo no qual a estratégia precisa ser plantada. Quando o solo é fértil, a estratégia floresce. Quando o solo é tóxico, a estratégia não se estabelece.

Muitas empresas têm estratégias parecidas como, por exemplo, inovar, atender melhor o cliente ou reduzir custos, mas poucas conseguem executá-las com excelência. O diferencial está na Cultura que sustenta essas estratégias.

PRODUTOS, PREÇOS E PROCESSOS PODEM SER COPIADOS. CULTURA, NÃO.

É fundamental que você, líder, não veja a Cultura Organizacional apenas como um aspecto da gestão. Ela é mais do que isso, é um ativo intangível e exclusivo, um verdadeiro diferencial competitivo, influenciando decisões, moldando comportamentos e, acima de tudo, criando a base para uma execução consistente da estratégia.

Termino este capítulo salientando que por melhor que seja a estratégia, se a empresa ignorar os aspectos da sua Cultura, dificilmente alcançará bons resultados, pois a execução será feita do jeito incorreto e com os profissionais errados.

5

LIDERANÇA
O ELO QUE SE ESTABELECE ENTRE CULTURA E ESTRATÉGIA

Conforme colocado no capítulo anterior, o elo entre a Cultura e a estratégia de uma empresa é humano. Essa afirmação toca um ponto central da gestão organizacional:

O ELO QUE UNE CULTURA E ESTRATÉGIA É O LÍDER.

Cabe ao líder "persuadir" e influenciar as pessoas da sua equipe para que pratiquem a Cultura Organizacional e trabalhem focados na estratégia da empresa.

O filósofo grego Aristóteles, um dos fundadores da Teoria da Comunicação, usava o termo "persuasão" para se referir à motivação e ao engajamento. Para ele, a persuasão era o maior desafio de um líder e dependia de três fatores:

- **Ethos** – representa a credibilidade do emissor, ou seja, de quem está entregando a informação.
- **Logos** – é a persuasão por meio de dados, fatos, raciocínios e estatísticas.
- **Pathos** – é quando o emissor recorre à emoção para convencer as pessoas.

Isso nos mostra que os verbos "persuadir" e "influenciar" estão intimamente relacionados, mas não são sinônimos. Apesar de compartilharem os mesmos princípios, são conceitos que diferem em alcance, intencionalidade e método.

A persuasão é uma forma específica e deliberada de influência que envolve a intenção clara de convencer alguém a pensar, sentir ou agir de determinada maneira, geralmente por meio da credibilidade do emissor, da utilização de dados concretos e da sua capacidade de emocionar as pessoas, conforme colocado acima. Aqui, o mais importante é entender que a persuasão é intencional e estruturada, o que pressupõe uma comunicação ativa e planejada.

Um exemplo disso é quando o líder informa a sua equipe sobre a decisão da empresa de promover uma mudança estrutural, explicando os motivos e apresentando os benefícios dela. Ao falar dos benefícios, ele está usando argumentos e dados a fim de persuadir os seus liderados para que aceitem, acreditem e participem do processo.

Já influenciar é exercer um grau de impacto sobre os pensamentos, os comportamentos ou as decisões de alguém, com ou sem intenção explícita. É quando o líder provoca uma mudança de comportamento sem sentir, ou seja, de forma sutil, indireta e contínua. Isso envolve, acima de tudo, exemplo, autoridade, carisma e outras características pessoais que abordarei nos próximos capítulos.

Um líder que age sempre com ética e comprometimento, certamente influenciará a sua equipe a se comportar da mesma forma, mesmo que não tenha sido necessário pedir que isso aconteça.

Contudo, tanto a persuasão quanto a influência acontecem por meio da comunicação:

- **A persuasão**, porque normalmente se utiliza de dados e fatores emocionais para convencer.
- **A influência**, porque também se utiliza desses fatores, mas está baseada no exemplo.

Quando digo que "o exemplo comunica", estou fazendo uma afirmação absolutamente verdadeira, pois ela expressa uma das ideias mais fundamentais da comunicação humana:

NOSSAS ATITUDES FALAM MAIS ALTO DO QUE AS NOSSAS PALAVRAS.

Mesmo quando não dizemos nada, estamos comunicando por meio de gestos, expressões, tom de voz, postura e, principalmente, ações. Um líder que fala sobre pontualidade, mas chega atrasado, está comunicando o oposto daquilo que diz, porque o seu exemplo é uma forma silenciosa, mas muito eficaz de comunicação.

É isso que acontece nas redes sociais quando as pessoas expõem a sua vida e, com isso, influenciam seus seguidores. Aqueles que têm o "influenciar" como profissão se utilizam do fato de que as pessoas são mais influenciadas pelo que veem os outros fazerem do que por discursos ou ordens.

Também é por isso que, hoje, as pessoas cobram tanto a coerência entre o discurso e a prática no ambiente corporativo. Quando um líder age de forma coerente com o que prega, gera confiança e inspiração. No entanto, quando a incoerência acontece, a imagem de hipocrisia e falsidade se estabelece de forma espontânea, mesmo que nenhuma palavra tenha sido dita.

A verdade é que desde a infância aprendemos por imitação. É isso que nos traz o princípio da aprendizagem social, de Albert Bandura, psicólogo canadense que foi uma das figuras mais influentes da Psicologia no século XX (falecido em 2021). Trata-se do aprendizado que acontece quando os filhos observam os pais, os alunos observam os professores e, no meio corporativo, as pessoas observam os seus líderes.

Somos seres multifacetados e, ao longo da vida, assumimos diferentes papéis sociais, alguns escolhidos; outros, atribuídos, e muitos deles permanecem em constante transformação.

Ocupamos o lugar de filhos, amigos, estudantes, profissionais, pais, parceiros, cidadãos, líderes e uma série de outros papéis. E cada um traz expectativas, responsabilidades e comportamentos associados. São papéis que mudam com o tempo, com o contexto e, especialmente, com as nossas escolhas pessoais.

No desempenho de cada papel, empregamos características diferentes. Nem sempre somos iguais em todos os papéis que desempenhamos. Eu, por exemplo, sou séria e focada no trabalho, mas descontraída e engraçada quando estou com as minhas amigas. Sou exigente e enérgica como líder e como mãe. Em contrapartida, nos demais papéis que desempenho, as pessoas me consideram uma pessoa extremamente leve e flexível.

Cada papel reflete quem somos e quem queremos ser naquela situação específica. Em certos papéis, podemos sentir-nos pressionados, desconfortáveis ou até contraditórios em relação à nossa essência. Isso normalmente acontece devido a expectativas externas que não condizem com os nossos valores, falta de preparo ou de autoconhecimento, ou conflito entre papéis como, por exemplo, ter que conciliar a carreira com a maternidade. Essas situações geram cansaço, insatisfação e crises emocionais.

Assim, podemos dizer que existem papéis nos quais nos gostamos e, em outros, nem tanto. Alguns papéis que desempenhamos nos iluminam, enquanto outros nos sufocam. A maturidade está em perceber quem somos em cada um deles e buscar viver com mais coerência, propósito e liberdade.

Nos papéis que desempenhei ao longo da minha vida, o de líder foi um dos quais mais me gostei. Sempre me senti confortável no exercício da liderança, consciente de que deveria ser exemplo. A minha consciência era tanta que ser um "modelo" para a minha equipe acontecia de forma espontânea, sem que eu precisasse me esforçar para isso.

Desde muito cedo, entendi que disciplina é algo mais importante que inteligência. Conheço pessoas inteligentíssimas que, por falta de disciplina, não conquistaram seus objetivos. Da mesma forma, conheço pessoas disciplinadíssimas, porém com um nível de inteligência mediano, que são um exemplo de sucesso na profissão que escolheram exercer. Por isso, defini a Disciplina como um dos valores da minha empresa. A partir daí, procurei ser sempre a primeira a chegar, independentemente de qual seja o compromisso. Muitas vezes, cheguei de viagem de madrugada e, mesmo assim, cumpri com o horário de chegada no dia seguinte. Até hoje, quando faço palestras, tenho o hábito de chegar no local uma hora antes para reconhecer o espaço, testar os equipamentos e me preparar.

As pessoas que trabalham comigo se acostumaram com isso e, além de respeitarem o meu jeito de ser, a maioria procurou fazer o mesmo. Obviamente, houve pessoas que não se adaptaram a isso e acabaram escolhendo não serem lideradas por mim. Ainda hoje, atuando como sócia e Conselheira, ou seja, fora da gestão da empresa, exerço a autoridade que conquistei ao longo dos anos e sou seguida em nível de comportamento, porque o meu DNA permanece vivo no negócio.

São muitas as vezes em que ouço as pessoas que trabalharam comigo, dizerem: "Ana, você sempre me inspirou". É comum, também, pessoas que me seguem nas redes sociais dizerem o mesmo. Essa é uma frase que adoro ouvir porque representa o resultado do meu esforço em liderar pelo exemplo.

É por esse motivo que, em vez dos verbos "motivar", "engajar" ou "persuadir", optei pelo uso do "influenciar" neste livro. Embora, por vezes, esses dois últimos – persuadir e influenciar – venham a se complementar ou, até mesmo, se sobrepor.

Estou trazendo o conceito da influência para o universo da liderança porque realmente acredito que líderes que querem potencializar a Cultura da empresa na qual trabalham, colocando-a a serviço da estratégia, precisam, em primeiro lugar, representar aquilo que esperam das suas equipes.

Contudo, para que isso aconteça, é imprescindível que o líder ocupe o seu lugar de intermediário entre a Direção da empresa e a sua equipe na busca pela consolidação da Cultura e pelo cumprimento da estratégia. Muitos líderes ainda não se conscientizaram da importância desse lugar, o que pode acontecer, inclusive, por timidez, baixa autoestima ou despreparo.

Ao realizar diagnósticos nas empresas, muitas vezes encontrei líderes totalmente escondidos na base da pirâmide organizacional, comportando-se como se não exercessem cargos de liderança e como se não devessem representar a empresa perante as suas equipes. Quando isso acontece, passam a existir apenas dois níveis hierárquicos na organização, conforme representa a figura a seguir.

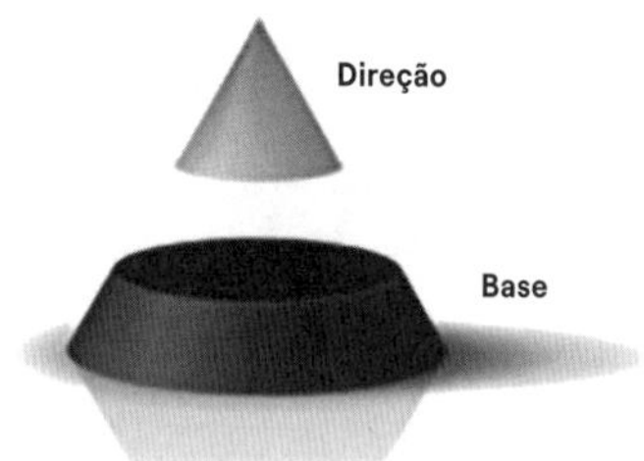

Agora, imagine uma empresa sem líderes intermediários. Embora isso possa até funcionar em organizações com menos de 50 colaboradores, torna-se impraticável em estruturas que contam com centenas ou milhares de pessoas.

Esta outra figura ilustra como as lideranças intermediárias representam o principal segmento de público interno de uma empresa quando nos referimos a níveis hierárquicos.

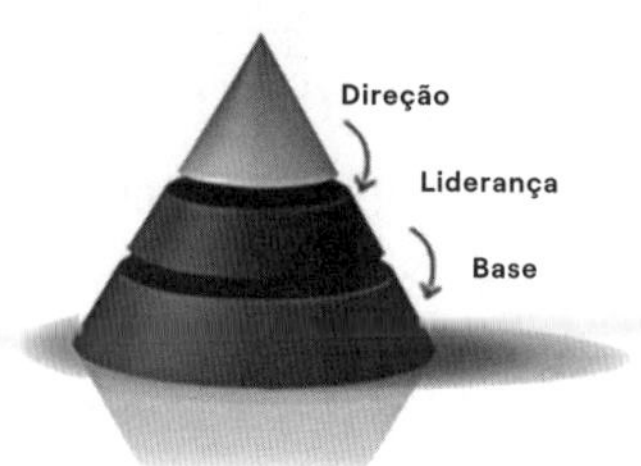

Mesmo em empresas que adotam modelos mais horizontais - uma tendência cada vez maior –, o papel da liderança continua sendo fundamental. São esses líderes que traduzem e disseminam as mensagens e as diretrizes da alta direção até a base da organização, garantindo alinhamento, engajamento e execução.

Para isso, o líder precisa ser:

- empoderado;
- responsabilizado;
- capacitado;
- desafiado a conduzir rituais;
- munido de ferramentas adequadas; e
- acompanhado de forma contínua.

Essas seis etapas citadas formam a base de um programa de comunicação líder-equipe, um dos planejamentos que as empresas mais demandam atualmente na ânsia de fazer com que os seus líderes se tornem bons comunicadores e, com isso, influenciem verdadeiramente seus liderados para a prática da Cultura.

Entretanto, é possível que a empresa na qual você atua ainda não tenha implementado todas essas etapas – e isso não deve ser um obstáculo. Você pode (e deve) buscar seu autodesenvolvimento nesse sentido. Afinal, ocupar o lugar que lhe cabe como intermediário entre a Direção da empresa e a equipe que lidera, e se preparar para isso é, antes de tudo, uma decisão pessoal.

6

PÚBLICO INTERNO
O NOVO BLEND GERACIONAL

Neste capítulo, quero abordar algo importantíssimo: os diferentes perfis das pessoas que você lidera ou liderará, porque, para influenciá-las positivamente, é fundamental saber um pouco mais sobre as suas características, e não existe outra forma que não seja entender as gerações às quais elas pertencem.

Ao olharmos para as informações que serão colocadas a seguir e as compararmos com a realidade, ficará claro que, muito além dos estereótipos, cada pessoa traz valores, motivações e formas diferentes de se relacionar com o trabalho que precisam ser conhecidas e reconhecidas.

Isso quer dizer que respostas prontas ou soluções engessadas não atendem à complexidade que um líder encontra, todos os dias, nas pessoas que tem a responsabilidade de gerir.

Hoje, ao assumir a gestão de uma equipe, o líder pode se deparar com uma verdadeira mistura geracional, pois é cada vez mais comum encontrar profissionais de diferentes gerações trabalhando na mesma área ou squad. Trata-se de um fenômeno que, associado aos novos formatos de trabalho, mudou completamente o cenário corporativo.

SÃO DIFERENTES GERAÇÕES TRABALHANDO JUNTAS.

Neste momento, as Gerações Baby Boomer (1946-1964), X (1965-1980), Y ou Millennials (1981-1996) e Z (a partir de 1997) estão dentro das empresas compartilhando programas, projetos, processos, responsabilidades e desafios. Esse fenômeno acontece devido a uma combinação de fatores sociais, econômicos e demográficos que influenciaram o mundo do trabalho.

Alguns líderes podem se deparar, também, com os Veteranos (1925-1945), que têm idade para a aposentadoria, mas permanecem nas empresas pelo significado do trabalho como parte das suas vidas. Em outras palavras, para se sentirem vivos.

Os Baby Boomers, faixa à qual pertenço (nasci em 1963), estão na etapa de planejar a sua aposentadoria. Alguns, assim como eu, já diminuíram a sua carga horária de trabalho, porém continuam liderando processos porque ocupam cargos de liderança ou porque têm muitos anos de carreira e contam com a confiança da Direção da empresa. Outros, estão nas empresas como consultores, traçando estratégias e influenciando decisões.

A Geração X é formada pelos profissionais que estão vivendo o seu melhor momento em nível de carreira, pois muitos já atingiram o patamar que desejavam. Grande parte de vocês que estão lendo este livro certamente fazem parte dessa geração, assim como as pessoas mais experientes das suas equipes.

Depois, temos a Geração Y, também chamada de Millennials, um público totalmente adaptado ao mundo digital, que já ocupa muitos cargos de liderança. Muitos de vocês também devem estar neste grupo.

Os nativos digitais ou Geração Z, por sua vez, representam uma parcela da força de trabalho que está crescendo e ocupando cargos operacionais, analíticos e, até mesmo, estratégicos. Alguns, inclusive, já são líderes, o que ocorre principalmente em startups e empresas de tecnologia.

POR QUE ESTAMOS VIVENDO O BLEND GERACIONAL?

Por um lado, a expectativa de vida aumentou e muitos profissionais mais experientes adiaram a aposentadoria, seja por necessidade financeira, seja por desejo de continuar ativos e relevantes. Por outro, as novas gerações ingressam cada vez mais cedo no mercado de trabalho, impulsionadas pela tecnologia, a educação acessível e um mundo cada vez mais dinâmico.

Essa é uma realidade que ainda não havia sido experimentada pelas empresas e da qual muitas ainda não se deram conta. Sobre o fato de serem diferentes gerações ocupando um mesmo ambiente, o consultor, palestrante e professor Dado Schneider diz: "as gerações vão ter que se entender. Não é escolha, é necessidade", com o que eu concordo. Para ele, o choque de gerações é inevitável, mas a cooperação entre elas é fundamental para o sucesso das empresas.

A verdade é que essa convivência intergeracional traz inúmeras oportunidades, como o repasse de conhecimento, a troca de experiências e, principalmente, a diversidade de ideias.

No remake da novela Vale Tudo, da Rede Globo, existe um personagem Baby Boomer, um jornalista chamado Bartolomeu, que foi demitido do jornal no qual trabalhava. Depois de passar vários meses buscando um emprego, esse profissional é contratado por uma agência de comunicação digital, porém não pela sua competência e seu talento, mas porque foi indicado por alguém para quem o Diretor não poderia dizer "não".

Essa situação retrata claramente o quanto, hoje, os jovens têm preferência no momento de uma contratação. Sabemos que ainda são poucas as empresas que desenvolvem programas para atrair e contratar pessoas 50+, o que também é demonstrado pela novela, já que o enredo não evidencia um tratamento especial, como integração, treinamento e outros programas, para esse novo colaborador.

Contudo, ele começa a estudar e se atualizar em relação às

técnicas de comunicação corporativa e Marketing utilizadas no meio digital, o que inclui a inteligência artificial (IA), na ânsia de demonstrar que está no mesmo patamar que os demais profissionais que atuam na agência. Com isso, ele começa a ser aceito e valorizado tanto pela empresa quanto pelos colegas de trabalho.

Por meio da atitude desse personagem, a novela mostra mais uma realidade: o fato de ele ter que se esforçar para entrar no mundo dos profissionais mais jovens, a fim de ser incluído. Porém, o preconceito em relação à idade, denominado etarismo, continua ali. Em uma cena seguinte, a equipe combina de celebrar uma conquista em um bar e o colega Baby Boomer é esquecido. Quando ele se dá conta, os demais já foram para o bar, deixando-o para trás, sem que tenham percebido isso.

A MISTURA GERACIONAL IMPÕE MUITOS DESAFIOS PARA QUEM EXERCE A LIDERANÇA

e tem a responsabilidade de influenciar positivamente a sua equipe, porque cada faixa conta com seus valores, seus estilos de comunicação, suas expectativas e suas motivações.

Os Baby Boomers tendem a valorizar a estabilidade e a hierarquia, enquanto a Geração X prioriza a autonomia e o equilíbrio entre a vida pessoal e a profissional. Já os Millennials buscam propósito e flexibilidade, enquanto a Geração Z cresceu com uma mentalidade digital, imediatista e conectada.

Diante desse cenário, a influência depende da escuta ativa e da capacidade de adaptação a cada perfil. Mais do que isso, depende do equilíbrio emocional do líder e da empatia no sentido de olhar para cada colaborador como ele é, e não como gostaria que fosse. Refiro-me a criar um ambiente inclusivo, onde todos se sintam valorizados e compreendidos, independentemente da idade.

A comunicação precisa, por exemplo, ser ajustada aos diferentes perfis, equilibrando o uso da tecnologia com interações presenciais, quando necessário.

É importante lembrar, também, que o comando e controle tradicional não funciona para as gerações Y e Z, que preferem líderes inspiradores, disponíveis e colaborativos, ou seja, líderes influenciadores.

Já as Gerações Baby Boomer e X têm menos apreço pela influência, sendo movidas por demonstrações de respeito pela sua bagagem e contribuição.

Essas diferenças são e continuarão sendo um grande desafio para os líderes de hoje. A verdade é que liderar diferentes gerações ao mesmo tempo exige sensibilidade, flexibilidade e inteligência emocional.

Todavia, quando bem conduzida, essa diversidade etária pode ser uma das maiores forças da equipe.

Se a Geração Y representa uma grande parte da força de trabalho nas empresas, é necessário conhecê-la com um pouco mais de profundidade. Da mesma forma, precisamos olhar para os integrantes da Geração Z que estão chegando e, literalmente, mudando as empresas com a sua forma de pensar e agir. Afinal, essas duas gerações, juntas, serão sempre maioria na sua equipe.

Y – UMA GERAÇÃO MAIS CONECTADA COM PROPÓSITO.

Os membros da Geração Y estão tomando conta dos cargos de liderança nas empresas, conscientes de que representam uma força central no mercado de trabalho em função do conhecimento e da maturidade adquirida pelo esforço próprio.

Essa geração cresceu durante um período de grandes transformações – como a expansão da internet, a globalização e a crise econômica de 2008 –, o que fez com que tivessem que "se virar", estabelecendo valores e comportamentos distintos em relação ao trabalho. Eles tendem a buscar mais do que apenas um emprego: querem sentir que fazem a diferença, preferindo trabalhar em empresas com valores alinhados aos seus e que tenham impacto positivo na sociedade ou no meio ambiente.

Entre outras mudanças, percebo que eles vêm rompendo com a ideia de que o sucesso está diretamente ligado a longas jornadas de trabalho. Especialmente após a pandemia da covid-19, esse grupo passou a apreciar modelos de trabalho flexíveis como o home office, o híbrido e os horários adaptáveis, valorizando cada vez mais o equilíbrio entre carreira e vida pessoal.

Ao mesmo tempo, os Millennials têm demonstrado o desejo de aprender de forma constante para crescer profissionalmente. Assim, anseiam por participar de treinamentos, mentorias e processos de coaching, além de permanecerem atentos a oportunidades de evolução interna.

Caso você pertença à Geração Y, certamente está se identificando com as características que acabei de citar. Isso tem dois pontos positivos:

- O primeiro é o fato de que essas características, por serem positivas, o ajudarão a compor um estilo de liderança próprio baseado no ato de influenciar.
- O segundo, é o fato de que o desejo dessa geração por desenvolvimento individual gera um espaço importante para os líderes que se consideram "desenvolvedores de pessoas" atuarem.

Continuando a abordagem sobre a Geração Y, sabemos que, embora não sejam nativos digitais como a Geração Z, os Millennials acompanharam a evolução da tecnologia e se adaptaram a ela com facilidade. Hoje, essas pessoas trabalham de forma confortável com ferramentas digitais e buscam inovação e agilidade nos processos de trabalho.

Sobre essa questão de inovação e agilidade, há poucos dias ouvi, de um Diretor de empresa da Geração Y, a seguinte frase: "Na minha empresa, para contratar um novo colaborador, o líder precisará me provar que realmente não conseguiu encontrar nenhuma tecnologia para fazer o trabalho referente a essa vaga". Esse é um pensamento e uma prática característica de um Diretor Millennial.

Outro dado importante: os Millennials são profissionais que preferem trabalhar em equipes colaborativas e horizontais, com menos hierarquia e mais troca de ideias, praticando uma comunicação aberta e transparente.

Outra característica dos Millennials é gostar de saber como estão se saindo e querer feedbacks regulares, construtivos e personalizados. O reconhecimento, financeiro ou não, é um fator importante para o engajamento dessas pessoas.

Um ponto de atenção é o fato de eles não estarem preocupados em permanecer em uma única empresa, o que traz desafios para o líder no que se refere à retenção. Aqui entra o fit cultural. Quando não se sentem pertencentes à Cultura da empresa, os Millennials não hesitam em ir embora.

Essa geração não tem a mesma fidelidade institucional que as anteriores: segundo dados recentes, cerca de 49% dos Millennials consideram mudar de emprego se sentirem que seus valores não são respeitados (Deloitte Millennial Survey). Quando a Cultura Organizacional é tóxica, inflexível ou desalinhada com os seus valores pessoais, a tendência natural é a rotatividade.

A Cultura Organizacional deixou de ser um detalhe e passou a ser um elemento central na atração e na retenção de talentos da Geração Y. Para que esses profissionais permaneçam engajados, o líder terá que estar totalmente conectado com o propósito e os valores da empresa, representando-os no seu dia a dia. Veja bem: não se trata apenas de "agradar" essa geração, mas de criar um ambiente no qual ela se sinta representada.

A Y é uma geração para a qual o salário não deixou de ser importante, porém não é suficiente para retê-la. Para os seus representantes, Cultura importa, e muito. Cerca de 86% dos Millennials consideram a Cultura da empresa um fator decisivo na hora de escolher onde trabalhar (Deloitte Millennial Survey).

A ausência de engajamento aparece nesse público como uma decorrência da falta de fit cultural. Comprovando essa informação, um estudo recente da Gallup mostrou que 55% dos Millennials não estão engajados no trabalho e que um dos principais motivos é a não identificação com os valores da empresa.

Outro dado relevante do Glassdoor aponta que 77% dos profissionais dessa geração avaliam a Cultura da empresa antes de se candidatar a uma vaga. Isso mostra que, para engajar Millennials, é importante oferecer propósito, desenvolvimento, flexibilidade e autonomia. Eles respondem melhor a líderes que sejam mentores e parceiros – características importantes de um influenciador –, e que ofereçam um ambiente colaborativo, transparente e com espaço para um crescimento real.

GERAÇÃO Z – MUDANDO A CULTURA DAS EMPRESAS.

Antes de abordar as características específicas dos membros da Geração Z, quero comentar que, no final da década de 1970, quando ingressei no mercado de trabalho, aos 15 anos, como estagiária, as pessoas não questionavam as organizações e suas políticas. Ao ser contratada por uma empresa, a pessoa simplesmente se adaptava às regras existentes nela, muitas vezes sacrificando aspectos pessoais e valores próprios para "se encaixar" no modelo corporativo dominante.

Hoje, percebo que acontece exatamente o contrário: as empresas estão fazendo um esforço enorme para se adaptarem às pessoas, aos seus sonhos, aos seus anseios e às suas expectativas.

Essa observação que estou fazendo reflete uma transformação profunda na relação entre a empresa e o seu público interno, impulsionada pelas mudanças que aconteceram com a chegada dos jovens das Gerações Y e Z, mas principalmente da Z, no mercado de trabalho. São duas gerações que cresceram em um mundo muito mais conectado, plural, veloz e individualista. É natural que elas levem tudo isso para o ambiente de trabalho, assim como é natural que as empresas busquem rapidamente uma adaptação.

Seria impossível que essa inversão não acontecesse e não viesse a afetar a Cultura Organizacional, uma vez que ela é determinada pelo comportamento das pessoas. Da mesma forma, seria improvável que as empresas não fizessem um movimento no sentido de conectar a sua proposta de valor com a expectativa dos jovens que estão entrando no mercado de trabalho e que ela precisa atrair.

Isso explica a "virada cultural" que estamos observando, na qual a centralidade passa do sistema para o ser humano.

O que eu quero dizer é que a Cultura Organizacional deixa de ser uma estrutura imutável imposta de cima para baixo e passa a ser algo vivo, cocriado e moldado pelas expectativas, pelos valores e pelas necessidades das pessoas, especialmente das novas gerações que não hesitam em buscar outras oportunidades se não se perceberem representadas.

Isso explica, também, o movimento das empresas no sentido de rever e relançar os direcionadores da sua Cultura e preparar seus líderes para que atuem como influenciadores diretos. Percebo que as empresas estão entendendo isso não como um simples desafio, mas como uma oportunidade de se reposicionarem e se tornarem mais relevantes para as pessoas em um mundo que não para de se transformar.

É nessa "virada cultural" que se situa a percepção de que a Geração Z está mudando a Cultura das empresas. Aqui entra uma reflexão muito importante que todo líder deve fazer se quiser ser realmente um influenciador.

Em primeiro lugar, enquanto líder, você precisa entender que as pessoas não são o que são porque querem ou porque assim decidiram, mas porque foram criadas e educadas dentro de uma época, um contexto e uma realidade que moldou o seu comportamento.

Enquanto Baby Boomer, não posso querer ou exigir que a minha irmã (Gen X), a minha filha (Gen Y), a minha colaboradora (Gen Z) ou a minha sobrinha (Gen Alfa, que ainda não está no mercado de trabalho, por isso não foi inserida neste capítulo), tenham os mesmos pensamentos e atitudes que eu.

Hoje, muito se fala sobre o comportamento da Geração Z no ambiente de trabalho, porém considero muito cedo para que se estabeleçam verdades absolutas.

É comum nos depararmos com pesquisas e informações veiculadas pela mídia que definem os integrantes dessa geração como pessoas frágeis e mimadas, conclusões decorrentes da falta de resiliência e de compromisso que alguns demonstram, por meio do seu comportamento, no ambiente de trabalho. Há quem vá mais longe, citando a falta de lealdade e a instabilidade emocional.

Pelo fato de demonstrarem uma certa rejeição ao modelo empresarial tradicional, algumas pesquisas classificam essa geração como pessoas que não querem trabalhar e que evitam jornadas longas ou ambientes muito exigentes. Nos últimos tempos, me deparei com matérias jornalísticas que traziam títulos como:

- "Geração Z está mudando o local de trabalho – e nem todo

mundo está gostando." (The New York Times)

- "Os chefes não dão conta: o que faz a Geração Z ser demitida logo de cara?" (UOL Economia)
- "Por que os jovens da Geração Z estão saindo dos empregos mais rápido do que nunca?" (BBC)
- "Dilemas comportamentais da Geração Z." (Estadão)
- "Problemas de etiqueta prejudicam Gen Z no trabalho." (Forbes Brasil)

Recentemente, o fenômeno do "quiet quitting" foi amplamente divulgado como uma prática dos colaboradores da Geração Z, que é definido como "cumprir apenas o que está previsto no contrato de trabalho, evitando horas extras e tarefas além do escopo como forma de proteger a saúde mental e estabelecer limites claros entre a vida pessoal e profissional". O texto destaca que a Geração Z já representa 54% dos praticantes desse comportamento, segundo dados da Gallup.

Essa é uma prática também chamada de demissão silenciosa, cujo objetivo final é provocar o desligamento por parte da empresa. É isso que diz a revista alemã Die Welt sobre o quiet quitting. Para eles, a prática ganhou força entre a Geração Z após a pandemia como um método de demissão interna baseado em esgotamento, baixa motivação e ressentimento em relação à liderança.

Outra informação que chocou o mercado recentemente foi decorrente da pesquisa da The News, realizada com 2 mil jovens, revelando que 38% dessas pessoas gostariam de ter um espaço privado no trabalho para sexo ou "autoamor". Segundo o estudo, 47% dizem que o home office melhorou a sua vida sexual e um terço teme que a volta ao escritório prejudique isso.

Confesso que tenho uma preocupação, acredito que pertinente e legítima, com a forma como a Geração Z é representada na mídia neste momento, o que já vem afetando o pensamento de muitos gestores.

Preocupa-me a divulgação massiva desse tipo de pesquisa, porque muitas vezes elas classificam como tendência índices que não chegam a 50%, causando um desserviço às empresas e aos nativos dessa geração, cuja maioria não necessariamente está pensando e agindo dessa forma.

Acredito que esse desserviço acontece em vários níveis porque reforça estereótipos, gerando desconfiança e resistência no mercado corporativo.

Quando as pessoas começam a repetir discursos como:

- "a Geração Z não quer trabalhar";
- "são pessoas frágeis";
- "não aceitam ser lideradas"; ou
- "não têm resiliência",

cria-se um clima de preconceito geracional que pode causar falta de conexão dos líderes com os jovens, além de barreiras para novas ideias. Isso pode gerar, também, uma supervisão excessiva – que as empresas chamam de microgerenciamento –, baseada na desconfiança.

A Geração Z é uma realidade nas empresas, independentemente de aceitarmos ou não as suas características. E para liderar seus representantes, precisamos vê-los como pessoas que não seguem cargos, mas atitudes. Eles somente valorizam líderes que consideram confiáveis.

Aqui, vale ressaltar a importância das relações de confiança.

Aliás, essa é a essência do Great Place To Work (GPTW), conhecido por listar as Melhores Empresas Para Trabalhar, pois a sua metodologia não se baseia mais apenas em benefícios ou estruturas físicas. O pilar central da avaliação do GPTW, hoje, é a qualidade das relações de confiança entre líderes, equipes e a organização como um todo.

No público interno da Happy, temos colaboradores da Geração Z. Obviamente, percebo neles algumas das características atribuídas a esse público, mas não da forma e na medida com que têm sido colocadas pela mídia.

CADA GERAÇÃO É ÚNICA E DIFERENTE.

É evidente que a Geração Z tem características diferentes das Gerações X e Y. Porém, você há de concordar que elas não poderiam sequer serem parecidas, uma vez que cada geração é moldada por eventos, tendências culturais e experiências únicas, especialmente na sua fase de formação (infância e adolescência).

Enquanto as Gerações Baby Boomer e X viram o computador ser criado, a Geração Y cresceu com a chegada da internet e precisou se adaptar às redes sociais e ao universo digital. E a Geração Z, por sua vez, nasceu imersa nela, tendo smartphones e redes sociais desde a infância. É por isso que estão mais acostumados a interações rápidas e multitarefas. É decorrente disso, também, o fato de terem o seu jeito próprio de comunicar, aprender e trabalhar.

Nos treinamentos de liderança que realizo, depois de conscientizar os líderes sobre esse contexto, costumo fazer dois convites a eles:

- O primeiro é cuidar para não potencializar as informações negativas que circulam no mercado, questionando as pesquisas e os conteúdos com as quais se depararem.
- O segundo é focar nas características positivas desses jovens, porque eles representam o futuro das empresas e cabe aos líderes que pertencem a gerações anteriores influenciá-los,

para que se conectem com a Cultura da empresa na qual trabalham ao ponto de se sentirem confortáveis nela.

Existem várias características positivas na Geração Z que citarei a seguir, começando pela facilidade com ferramentas digitais, aprendizagem on-line e ambientes de trabalho conectados. Muitas vezes, elas questionam os processos porque desejam uma tecnologia mais integrada ao seu dia a dia na empresa.

Enquanto a Geração Y valoriza trabalhar por um propósito, a Geração Z quer assistir a uma prática coerente com o discurso. São pessoas que querem realmente contribuir para algo maior e que veem como propósito aquilo de bom que a empresa é capaz de gerar para a humanidade.

É importante lembrar, também, que entre os jovens da Geração Z, encontram-se muitos empreendedores. Eles buscam espaço para inovação, experimentação e crescimento rápido.

A ideia de "seguir ordens" sem compreender o propósito da tarefa tende a gerar insatisfação. Aqui, vale lembrar que, para influenciar colaboradores mais jovens, o líder precisa usar de argumentos, exemplos, fatos e boas histórias.

Exatamente porque se mostram mais emocionais (talvez tenham sido criados com mais carinho que as gerações anteriores - que a minha, certamente foram), os membros da Geração Z são pessoas que esperam interações rápidas e feedbacks imediatos (como acontece nas redes sociais), preferindo retornos frequentes sobre o seu desempenho. Mais do que isso, querem saber onde podem melhorar e crescer, e se sentem motivados por planos claros de desenvolvimento profissional. Em outras palavras, é um grupo que não aceita ser "enrolado" pelo seu líder.

Assim como a Geração Y, a Z também valoriza equilíbrio entre vida pessoal e profissional. Modelos híbridos ou remotos de trabalho, horários flexíveis e autonomia na gestão do tempo são altamente apreciados por eles, o que não quer dizer que não se adaptem ao formato presencial. Muitos deles gostam da convivência e da troca que acontece no dia a dia corporativo.

Outra característica que é comum a essas duas gerações - Y e Z, é o fato de valorizarem fortemente a diversidade, a ética e a responsabilidade social. Para eles, a empresa tem que sair do discurso e realmente praticar o respeito às diferenças e à inclusão.

Entre essas duas gerações, a Z é, em geral, mais aberta a temas como identidade de gênero, etnia e saúde mental. Seus integrantes desejam ver essas questões nos valores da empresa, assim como um líder que as tenha como causas assumidas.

Entre os fatores negativos, está a baixa tolerância à burocracia e à lentidão nos processos, porém isso também pode ser visto com bons olhos, uma vez que serve como um incentivo à modernização da empresa.

Outra questão que incomoda (a mim, já incomodou muito), é a propensão a distrações digitais, o que pode gerar baixa produtividade. Entretanto, isso faz com que tenham a capacidade de realizar várias tarefas ao mesmo tempo.

A Geração Z é autodidata por natureza, ou seja, aprende no YouTube, no TikTok e em treinamentos e fóruns on-line. Por isso, tem dificuldade de tolerar estruturas engessadas e deseja crescer horizontalmente, com novas experiências, não só com promoções formais, diferentemente da Geração X, que sempre valorizou ascender hierarquicamente.

Liderar a Geração Z exige clareza, propósito, agilidade e abertura ao diálogo. Eles esperam líderes acessíveis, ambientes inovadores e oportunidades constantes de aprendizado. Veja bem: com a abordagem certa, são colaboradores engajados, criativos e capazes de trazer uma nova visão ao negócio.

*AS PESSOAS DAS GERAÇÕES Y E Z
NÃO ACEITAM GRANDES NARRATIVAS.*

A informação corporativa, quando repassada para esse público, deve ser descrita de forma curta, com poucos parágrafos, ou por meio de pequenos pronunciamentos e reuniões rápidas, caso contrário, elas não prestarão atenção. Vivemos a era dos 150 caracteres há algum tempo. Portanto, a linguagem rápida tem que ser uma prática do líder influenciador.

Outra característica dos jovens é somente serem impactados por assuntos cuja abordagem lhes pareça interessante, com bons argumentos e profundidade de conteúdo. Mensagens indiretas, superficiais ou infantilizadas não despertam a sua atenção e, consequentemente, não promovem engajamento.

Assim é composto o público que você lidera ou virá a liderar, tendo como plano de fundo uma maior preocupação das empresas com a saúde mental, questão que todo líder terá que representar por meio da sua comunicação e seu exemplo.

Para isso, lembre-se que, enquanto a Geração X foi criada em um contexto de "trabalhar duro para vencer na vida" e a Geração Y enfrentou o burnout das jornadas longas e da "hustle culture" (termo usado para se referir a uma Cultura de alta produtividade), a Geração Z viu os efeitos disso tudo e passou a falar abertamente sobre ansiedade, depressão e esgotamento, priorizando o bem-estar psicológico e os limites saudáveis que podem ser estabelecidos no ambiente de trabalho.

Neste capítulo, que considero de extrema importância, discorri um pouco mais sobre as Gerações Y e Z por acreditar que nelas está o maior desafio dos líderes em nível de público interno. Porém, ao mesmo tempo, quis mostrar que as quatro gerações (Baby Boomer, X, Y e Z), juntas, compõem o que muitos estão chamando de "blend geracional", uma nova realidade do mercado de trabalho.

A pergunta que não quer calar é: o que os líderes precisam fazer para falar com todos esses públicos ao mesmo tempo? Que linguagem devem usar?

A resposta não é "um discurso para cada geração". O correto é o líder assumir um único tom de voz que o represente, e que possa ser compreendido e aceito por todas as gerações que compõem a sua área.

Isso é possível? Com certeza, sim. Estamos diante de três gerações (Baby Boomer, X e Y), que, por estarem ativas no mercado de trabalho, estão totalmente adaptadas ao mundo digital e uma geração (Z) que já nasceu dentro do mundo digital, ou seja, todas têm uma boa capacidade cognitiva. Isso as coloca em uma condição de poder absoluto de absorção da mensagem.

Dentro desse contexto geracional, precisamos admitir que o etarismo ainda perdura.

Posso estar advogando em causa própria, mas é porque percebo empresas de todos os portes, segmentos e regiões contratando mais pessoas das gerações Y e Z (jovens) do que as das gerações X e Baby Boomer. Também por isso me detive mais nas Gerações Y e Z.

Existem pesquisas que mostram que a maioria das empresas têm, no máximo, 10% de profissionais com mais de 50 anos em seu quadro. Algumas, inclusive, se assumem como "etaristas" e afirmam colocar barreiras para a contratação de trabalhadores de idade mais avançada.

Acredito que ainda levará algum tempo, e será necessária uma certa pressão social e institucional, para que o mercado de trabalho reconheça plenamente o valor do talento e da experiência dos profissionais com mais de 50 anos.

No entanto, é importante lembrar que, na maioria das vezes, os líderes participam dos processos de recrutamento e seleção. E assim, eles definem os perfis desejados, participam das entrevistas e, junto com a área de Gestão de Pessoas, tomam a decisão sobre quem será contratado para suas equipes. Esse é o momento de valorizar profissionais com mais idade, promovendo a inclusão etária e reconhecendo que eles trazem maturidade, experiência e estabilidade emocional, agregando valor à equipe.

A responsabilidade por construir equipes mais diversas não é apenas da área de Gestão de Pessoas, mas também do líder que escolhe com quem quer trabalhar.

EXISTE UM MISTO DE GERAÇÕES TAMBÉM ENTRE OS PROFISSIONAIS TERCEIRIZADOS.

Sim, o blend geracional também é uma realidade entre os profissionais terceirizados, e gerir essas pessoas é um desafio que traz, por si só, uma complexidade ainda maior, por envolver pessoas que não vivem totalmente a Cultura da empresa. Na maioria das vezes, por serem terceirizados, são obrigados a conviver com duas culturas ao mesmo tempo.

Cabe ao líder entender e gerenciar essa realidade, priorizando a Cultura Organizacional da empresa. Isso é importante porque os profissionais terceirizados, além de conviverem com os contratados, se relacionam e representam a empresa perante clientes, fornecedores e outros públicos.

Como vimos neste capítulo, as gerações que estão no mercado de trabalho (Baby Boomer, X, Y e Z) têm valores, estilos de trabalho e expectativas diferentes. Em equipes terceirizadas, essas diferenças podem ser ainda mais perceptíveis, especialmente pela rotatividade e pelo distanciamento do core da empresa.

QUATRO GERAÇÕES, JUNTAS, NO MESMO ESPAÇO.

Quatro gerações tão diferentes no modo de pensar e agir. Quatro gerações que precisam exercitar a empatia e o interesse genuíno em aprender uma com a outra. Quatro gerações que precisam ser lideradas com inteligência e, acima de tudo, resiliência.

Segundo a Examining the Multigenerational Workforce, essa força de trabalho multigeracional está sendo vista por 97% dos trabalhadores como algo de muito valor.

Entre as vantagens de misturar as quatro gerações, está uma maior gama de perspectivas:

- Aprender com colegas de diferentes níveis de experiência.
- Melhorar as habilidades de comunicação e colaboração.
- Ter redes expandidas e diversificadas.

"O ser humano dá trabalho." Essa é uma frase que costumo usar nos treinamentos de liderança que faço. E complemento dizendo que essa não é uma novidade porque sempre foi assim.

Além de o ser humano dar trabalho pelo simples fato de ser humano, o mundo do trabalho mudou e o nível de exigência das pessoas aumentou. Enquanto isso, as empresas anseiam por líderes preparados para lidar com essas exigências e, principalmente, com a infinidade de diferenças que se apresentam.

Hoje, embora a valorização e o respeito à diversidade sejam um objetivo e, ao mesmo tempo, um desafio para as empresas, as pessoas sempre foram diferentes. O que mudou foi a forma de as empresas olharem para os seus colaboradores e, principalmente, de interagirem com eles, beneficiando-se da diversidade e dos contrastes que apresentam.

Refiro-me à diversidade nos mais diversos níveis: raça e etnia, gênero e identidade de gênero, orientação sexual, idade, pessoas com deficiência, religião, nacionalidade etc.

Imagine se você pudesse demitir toda a sua equipe e contratar apenas pessoas iguais. Elas até poderiam parecer ou se mostrar iguais nas etapas de seleção e contratação. No dia a dia, contudo, as diferenças começariam a aparecer e você teria que enfrentar o mesmo contexto de variabilidade, muitas vezes, extrema, com o qual convive hoje.

Em outras palavras, você sempre terá que liderar pessoas que pensam de forma diferente e precisam ter os seus pensamentos, suas crenças e suas ideias respeitadas. Afinal, empresas são pontos de encontro de diferentes pessoas.

É dentro desse contexto que entram a empatia e a escuta sobre as quais falarei logo em seguida.

Eu poderia escrever bem mais sobre o blend geracional, porém o que desejo é mostrar que você está vivendo um tempo em que tratá-lo com sabedoria, unindo o melhor de cada geração, pode ser o grande diferencial da sua área.

7

COLABORADOR
UM PORTA-VOZ DA EMPRESA

Vivemos a era do Employer Branding. Em algum momento, você certamente já se deparou com esse conceito ou com a expressão "Marca Empregadora". Ambos têm, essencialmente, o mesmo significado – a diferença principal está no idioma: o primeiro é a expressão em inglês, e o segundo, sua tradução para o português.

São termos que se referem ao conjunto de técnicas, estratégias e ações que visam construir e promover a sua imagem da empresa como um bom lugar para se trabalhar.

O objetivo é tanto atrair novos talentos quanto reter os colaboradores atuais.

Eu diria que o termo Employer Branding é mais comum em textos corporativos e de Gestão de Pessoas com influência internacional ou voltados para empresas multinacionais. Já a expressão "Marca Empregadora" vem sendo cada vez mais usada em contextos brasileiros, especialmente quando o conteúdo busca ser mais acessível em português.

Trata-se de um esforço despendido pela empresa para encantar tanto os seus colaboradores atuais quanto potenciais candidatos, que conhecem a empresa por meio de pessoas que nela trabalham. Isso acontece, também, por meio de mídias diversas, entre elas, as redes sociais nas quais as empresas têm "páginas de carreira", perfis voltados exclusivamente para promover a empresa e, com isso, destacá-la na disputa pelo melhor talento.

Portanto, o "ser percebida" como um "bom lugar para se trabalhar" é importante não só para atrair, mas também para engajar e reter talentos.

No universo da liderança, o Employer Branding ganha uma dimensão ainda mais estratégica, já que o líder deixa de ser apenas um influenciador interno para também se tornar externo, uma vez que a Cultura Organizacional não deve ser representada apenas para dentro – ela também serve para formar a imagem de Marca Empregadora da empresa para fora.

Os líderes são a face mais visível da Cultura interna. Sua postura, seus padrões éticos e a sua forma de comunicação, tanto internos quanto externos, impactam diretamente em como a empresa é percebida pelos colaboradores e pelo mercado, em um movimento que nasce na empresa e transborda para o ambiente externo, formando imagem.

O COLABORADOR SE TORNOU UM PORTA-VOZ DA EMPRESA.

Com as redes sociais, além de comentar sobre a empresa no seu ambiente familiar e círculo social, ele publica as experiências vividas no ambiente de trabalho, usando recursos como textos, depoimentos, fotos e vídeos.

Em decorrência disso, as experiências vividas no ambiente de trabalho passaram a ser muito mais valorizadas. Um exemplo muito simples disso é o fato de as pessoas, ao serem contratadas por uma empresa, receberem um kit de objetos com a sua marca (caneca, bloco, caneta, mochila e outros). Esse kit é imediatamente postado, demonstrando a alegria da pessoa por estar vivendo aquela experiência. Isso acontece, principalmente, no LinkedIn.

Da mesma forma, quando participam de um evento corporativo, as pessoas fazem publicações nas redes sociais, projetando a marca da empresa. São experiências que precisam ser contadas, na percepção de quem viveu aquele momento, o que atualmente é incentivado por parte da empresa.

Experiência tem a ver com vivência, bagagem, prática, técnica e habilidade.

- **Vivência e bagagem** é o que fica na memória afetiva da pessoa, o que é extremamente importante para a construção e o fortalecimento da Marca Empregadora.
- **Prática, técnica e habilidade** têm a ver com desenvolvimento, o que representa valor para os colaboradores, especialmente para aqueles que estão em início de carreira.

Estamos diante de uma nova geração de profissionais que tem "sede de aprender". Por isso, os líderes precisam incluir o aprendizado contínuo em cada experiência proporcionada ao colaborador dentro da sua área.

As empresas, por sua vez, estão se esforçando para fazer com que as expectativas do público interno sejam superadas por meio de experiências cada vez melhores, sob pena de não serem percebidas como "um bom lugar para trabalhar", um "título" que é amplamente valorizado pelo mercado nos dias de hoje.

A "experiência do colaborador" é a grande preocupação das organizações no que se refere a pessoas, tanto que o meu último livro técnico, lançado em 2020, tem esse título. É algo que deixou de ser apenas uma questão de satisfação interna para se tornar um diferencial competitivo.

A maneira como uma empresa trata seus talentos representa a Cultura Organizacional que ela tem e impacta diretamente na sua reputação no mercado, além de definir o seu grau de atratividade como Marca Empregadora. Não se trata apenas de oferecer bons salários ou benefícios; o que as pessoas realmente buscam é viver experiências significativas e humanas ao longo de toda a jornada na organização.

EXPERIÊNCIA GERA PERCEPÇÃO.
E PERCEPÇÃO CONSTRÓI REPUTAÇÃO.

Hoje, os colaboradores não são apenas colaboradores. Eles são formadores de opinião, influenciadores de marca e agentes de Marketing. E o líder, por sua vez, não deve lutar contra isso. Ao contrário, deve promover o melhor ambiente na sua área para que os seus liderados tenham experiências satisfatórias e contem isso para o mercado.

É muito difícil viver algo bom e não poder contar. No velho mundo do trabalho, as pessoas eram proibidas de divulgar aquilo que acontecia ou que vivenciavam dentro da empresa. Hoje, ao passar por experiências positivas, as pessoas tendem a compartilhá-las com orgulho em suas redes sociais, nos almoços de família e entre amigos.

Isso acontece porque as empresas entenderam que a exposição orgânica, autêntica e gratuita contribui significativamente para a construção de uma imagem empresarial positiva e moderna. Em contrapartida, experiências negativas são igualmente compartilhadas – e, muitas vezes, com ainda mais força e indignação –, prejudicando a reputação da empresa.

As organizações que compreendem esse novo cenário têm investido cada vez mais em estratégias de Employee Experience. Estou me referindo à construção de experiências memoráveis para seus colaboradores, desde o primeiro contato até o desligamento.

Cada etapa da jornada do colaborador (atração, seleção, contratação, integração, retenção e desligamento) é uma oportunidade única de transmitir valores, fortalecer a Cultura Organizacional e consolidar a Marca Empregadora.

É fundamental que o líder entenda que reter talentos não é apenas evitar demissões. É criar um ambiente onde as pessoas queiram permanecer. Líderes que proporcionam experiências positivas durante o dia a dia de trabalho – seja por meio de rituais de reconhecimento e de celebração, seja por meio do diálogo aberto – reduzem custos com turnover e aprimoram o capital humano da empresa.

Aqui, vale lembrar que o encerramento de uma relação de trabalho também constrói reputação. Mesmo quando a jornada chega ao seu fim, a experiência continua sendo decisiva. Desligamentos humanizados, conversas francas e respeitosas, suporte na transição e valorização da contribuição do colaborador deixam uma impressão duradoura e repercutem no mercado por tempo indeterminado.

Nada é melhor para a imagem de uma empresa do que um ex-funcionário falando bem dela. Ex-colaboradores que saem de bem com a empresa, independentemente de quem foi a decisão da demissão, tornam-se defensores da sua marca, a recomendam para outras pessoas e, em alguns casos, até retornam para ela no futuro, se essa for uma das suas práticas de Gestão de Pessoas. Quando o líder ignora esse momento, está desperdiçando uma oportunidade valiosa de reforçar o seu posicionamento como gestor e, principalmente, a imagem da empresa como empregadora.

A experiência do colaborador é, na prática, a manifestação concreta da Cultura Organizacional. Líderes que cuidam da jornada completa dos seus liderados – da atração ao desligamento – constroem relações mais fortes, reputações mais sólidas e equipes mais engajadas.

Neste momento, você deve estar pensando "mas eu não participo diretamente da atração. Isso é feito pela área de Gestão de

Pessoas. Como posso cuidar dessa primeira etapa da jornada do colaborador?".

Pense nisso como um círculo virtuoso: quanto melhor for a experiência proporcionada pelo líder ao colaborador ao longo da sua jornada na empresa, maior será a chance de ele compartilhar isso com as pessoas do seu relacionamento (parentes, amigos, conhecidos, colegas de hobby e outros) e nas redes sociais. Como resultado, mais pessoas ficarão sabendo o quanto a empresa é "boa para se trabalhar" e desejarão fazer parte dela.

Hoje, não são os prédios, os slogans ou os números que constroem a imagem de Marca Empregadora. São as experiências promovidas pela empresa, protagonizadas pelos líderes e vividas pelos colaboradores.

A realidade é que, com o advento das redes sociais, as pessoas estão falando em público o tempo todo. É dentro deste espírito que o colaborador deixou de ser um "embaixador da marca", como se dizia antes, para se tornar um verdadeiro "porta-voz" do seu empregador.

Por fim, vale ressaltar que esse lugar de porta-voz, ocupado pelo colaborador, tanto pode ser positivo quanto negativo, dependendo da forma como o líder representa a Cultura Organizacional na qual está inserido e proporciona, aos seus liderados, experiências coerentes com as crenças representadas nela.

O Employer Branding é construído de dentro para fora, e os líderes são os protagonistas dessa construção. Ao assumir a responsabilidade por proporcionar a melhor experiência para o colaborador dentro da sua área, o líder contribuirá para que a imagem de Marca Empregadora da empresa seja cada vez maior e melhor.

Em uma época na qual as empresas "brigam" pelo melhor talento, isso tem um valor imensurável.

8

LÍDER
PRIMEIRO E PRINCIPAL CANAL DE COMUNICAÇÃO INTERNA

Os primeiros capítulos deste livro abordaram a importância da Cultura Organizacional, o conceito de estratégia e o seu papel, enquanto líder, como elo fundamental entre esses dois elementos, exercendo a influência de forma natural, intencional e consciente.

Além disso, destaquei a relevância da sua atuação como agente influenciador, tanto na consolidação da Cultura quanto na execução da estratégia da empresa, bem como a complexidade dos públicos que você precisa engajar e impactar neste processo.

Talvez a sua pergunta agora seja "como colocar tudo isso em prática?". A resposta é simples, embora desafiadora:

NÃO EXISTE OUTRO CAMINHO SENÃO O DA COMUNICAÇÃO.

A forma como um líder se comunica é decisiva para que a influência positiva realmente aconteça. Porém, antes de discorrer sobre esse assunto, quero propor uma reflexão:

UM LÍDER JÁ NASCE LÍDER?

Há muito se discute se a liderança é uma habilidade inata ou adquirida. Diversos autores e estudiosos sustentam que a maioria das pessoas nasce com potencial para liderar, assim como ocorre com a criatividade. O que difere uma pessoa da outra, nesse caso, não é o dom, mas a escolha e o esforço em desenvolver essa capacidade ao longo da vida. Alguns aprimoram esse potencial, outros o deixam adormecido por falta de estímulo, autoconhecimento ou oportunidade.

Dizem que no comportamento dos lobos, todos carregam em si certa predisposição à liderança. No entanto, apenas um se impõe, o que acontece pela força, pela dominância e pelo instinto. No universo humano, a dinâmica é diferente. Embora muitos também queiram a liderança, o que distingue verdadeiramente um líder, especialmente no ambiente organizacional, não é a força nem a autoridade imposta, mas a competência demonstrada e, acima de tudo, a habilidade de se comunicar de forma eficiente.

Neste contexto, existem três premissas básicas:

- Se a liderança é uma virtude, com certeza pode ser desenvolvida.
- Se a capacidade de comunicar é uma das principais competências de um líder, ele precisa entender de comunicação.
- Se o líder tem responsabilidade sobre o processo da informação dentro da empresa, deve ocupar o lugar de intermediário entre a alta direção e os colaboradores de base.

Nesse caso, vale aprofundar esses conceitos, começando pela comunicação de uma forma geral, como um processo natural. Posteriormente, pretendo inseri-la no contexto organizacional, chegando à comunicação líder-equipe propriamente dita.

A forma mais simples de entendermos a comunicação é como um processo com quatro elementos:

- Emissor.

- Receptor.
- Mensagem.
- Ambiente.

O emissor emite uma mensagem e o receptor a recebe, estando as duas partes em um determinado ambiente. Quando a conversa se estabelece, o emissor e o receptor trocam de lugar. Traduzindo para o seu dia a dia de líder: você (emissor) e uma pessoa da sua equipe (receptor) conversam sobre uma mudança de processo (mensagem) em uma sala de reuniões (ambiente).

Abordando o conceito de forma mais consistente, podemos dizer que comunicação é o processo pelo qual indivíduos compartilham informações, ideias, sentimentos ou significados por meio de sistemas simbólicos, como linguagem, imagens, sons ou gestos.

Para que a comunicação ocorra de forma eficaz, é necessário que haja:

- intenção comunicativa – querer comunicar algo;
- clareza na codificação da mensagem – uso adequado de símbolos, palavras, gestos etc.;
- atenção e compreensão – por parte do receptor, e também do emissor, quando a interação se estabelece;
- ausência ou controle de ruídos – barreiras que dificultam a compreensão, como ambiguidades, distrações, ruídos físicos ou psicológicos; e
- feedback – retorno que confirma ou corrige o entendimento da mensagem.

Comunicar é tornar algo comum entre duas ou mais pessoas. Não se trata apenas de falar ou enviar uma informação, mas de garantir que ela seja compreendida e, idealmente, compartilhada com sentido.

A COMUNICAÇÃO É UM PROCESSO SIMPLES?

A partir da explicação acima, a comunicação pode parecer um processo simples. Todavia, não é. Exatamente por não ser um processo simples ou fácil, estamos sempre ouvindo frases como essa no ambiente corporativo: "o nosso problema é comunicação".

O problema é sempre atribuído à empresa. Mas esta é uma entidade formada por pessoas. Portanto, é evidente que o problema de comunicação está no próprio ser humano. No caso da comunicação entre empresa e colaborador, na maior parte das vezes, o problema está no líder que não assumiu a responsabilidade que tem neste processo.

Obviamente, existem fatores externos que dificultam a comunicação, os denominados ruídos. Nas empresas, os fatores principais são os seguintes:

- **Ruído pessoal** – linguagem, condição psicológica, temperamento, comportamento dos envolvidos, falta de informação sobre o assunto e outros.
- **Ruído ambiental** – falatórios, movimento de pessoas, toques de telefones e outros.
- **Ruído material** – equipamentos danificados, tecnologias ultrapassadas e outros.

Como esses ruídos são, muitas vezes, inevitáveis e, portanto, parte do ambiente corporativo, a Comunicação Interna torna-se um processo constantemente desafiador. Isso explica por que a frase "o nosso problema é comunicação" continua sendo repetida, muitas vezes sem que se busque compreender as causas reais do problema.

A COMUNICAÇÃO INTERNA.

Para entender a Comunicação Interna, ou seja, a comunicação da empresa com os seus colaboradores, costumo dizer que basta partir a palavra "Comunicação" ao meio (COMUNIC/AÇÃO), fazer a inversão das duas partes (AÇÃO/COMUNIC), lendo primeiro "ação" e, depois, "comum", e entendê-la como "ação de tornar comum".

Refiro-me a empresa tornar comum, entre as pessoas que nela trabalham,

- **seus objetivos** (onde deseja chegar);
- **suas estratégias** (o que fará para chegar nos objetivos); e
- **seus resultados** (comunicar o que foi alcançado, reconhecer as pessoas envolvidas e celebrar o fato de ter atingido o objetivo).

Comunicar internamente, ou seja, "tornar comum entre os colaboradores", significa a empresa entregar ao seu público interno as informações de que ele necessita para se engajar nos desafios e contribuir para a estratégia, sentindo-se parte dos resultados obtidos.

Com a explicação acima, podemos deixar de lado aquela visão simplista de que a Comunicação Interna, em uma empresa, resume-se apenas à distribuição de camisetas e botons, à comemoração de datas ou à realização de festas. Comunicação Interna é muito mais do que isso: é compartilhar informações de qualidade para que os colaboradores saibam a que se engajar.

Nos últimos anos, as empresas evoluíram muito na comunicação com colaboradores, motivo pelo qual proponho um raciocínio ainda mais completo para que você possa entendê-la, de fato.

Assim, sugiro estabelecermos uma relação direta com o Marketing, ciência criada no capitalismo que, em uma visão bem simples, serve para promover um produto ou serviço com o objetivo de vendê-lo.

Em uma relação comercial, existe um produto ou serviço a ser vendido, assim como um consumidor para comprá-lo. Na Comunicação Interna também existe um produto e um consumidor.

PRODUTO = INFORMAÇÃO.
CONSUMIDOR = COLABORADOR.

Como produto, a informação corporativa existe e deve ser entregue ao consumidor (público interno), pois quando este não a recebe da empresa, é comum ele reclamar, fantasiar, criar a sua própria versão e, muitas vezes, assumir uma posição irônica em relação à organização.

Defendo a ideia de que Comunicação Interna e Endomarketing servem para a empresa dizer aquilo que precisa ser dito ao público interno.

Ocorre que muitas empresas têm medo de estabelecer uma comunicação direta com os seus colaboradores. Outras, não sabem exatamente o que dizer e como se posicionar. E existem aquelas que nunca se preocuparam em identificar o tipo de informação que as pessoas desejam receber.

A informação corporativa precisa ser trabalhada de forma que se torne relevante tanto para a empresa quanto para os seus colaboradores. Eu diria que esse é, praticamente, um esforço jornalístico interno.

Contudo, de nada adianta ter a informação e ela não ser distribuída aos diversos segmentos de público interno que uma empresa tem. É para isso que as organizações precisam dos seus líderes e, também, de canais oficiais de Comunicação Interna.

A informação tem, portanto, duas vias de distribuição: o líder e os canais de Comunicação Interna. Como canais, entenda e-mails informativos, newsletters, sistemas de TV corporativa, redes sociais internas e outros.

A COMUNICAÇÃO LÍDER-EQUIPE.

Os canais oficiais para a comunicação com colaboradores são de extrema importância. Entretanto, o líder deve ocupar o lugar de primeiro e principal canal de Comunicação Interna da empresa, ou seja, ele deve se perceber como a melhor opção para a distribuição da informação corporativa.

Os demais canais, citados acima, são complementares ao papel e à atuação do líder, servindo para que a empresa oficialize e assine a informação que, prioritariamente, é entregue pelo líder.

Precisamos entender a comunicação líder-equipe como um processo contínuo e estratégico de troca de informações, orientações, percepções e feedbacks entre o líder e os membros da sua equipe. Mais do que repassar tarefas ou reportar resultados, trata-se de construir um ambiente de confiança, alinhamento e engajamento por meio da linguagem verbal ou não verbal.

Entretanto, a maioria dos líderes demonstra dificuldades em relação à comunicação face a face. Primeiro, porque não foram educados para falar e ouvir. As escolas sempre se preocuparam em ensinar as crianças a ler e a escrever. Segundo, porque já viveram o advento do e-mail e, agora, encontram-se na era do WhatsApp, onde tudo acontece por escrito.

Além desse contexto, muitos líderes, por timidez ou despreparo, preferem declinar da comunicação face a face, agindo como se não tivessem nenhuma responsabilidade em relação ao processo da informação.

Nos treinamentos que ministro, coloco a informação como a principal estratégia de aproximação empresa-empregado, mostrando quais os caminhos que ela deve seguir para se tornar uma verdadeira estratégia de engajamento. E um desses caminhos é o líder.

Afinal, não basta desejar o engajamento do público interno. Os líderes precisam dizer para os seus liderados a que exatamente devem se engajar.

A comunicação líder-equipe é, também, uma via de mão dupla.

Trata-se de uma comunicação que não acontece apenas em

reuniões formais ou em comunicados oficiais. Ela está presente nas conversas informais, no tom das mensagens, na escuta ativa e nas decisões compartilhadas. É, portanto, uma via de mão dupla: o líder comunica, mas também ouve, interpreta e ajusta sua conduta com base naquilo que recebe da equipe.

A qualidade da comunicação líder-equipe influencia diretamente:

- o desempenho das pessoas;
- a produtividade da área;
- a tomada de decisões;
- o engajamento da equipe;
- o clima organizacional;
- a retenção de talentos; e
- muitos outros fatores.

Podemos dizer, inclusive, que a comunicação líder-equipe é uma das engrenagens mais importantes do funcionamento organizacional.

Quando bem conduzida, ela fortalece vínculos, dá direção, inspira confiança e impulsiona resultados. No entanto, exige consciência, habilidade e, acima de tudo, intenção. Os líderes que investem no aprimoramento dessa competência se tornam não apenas gestores mais eficazes, mas também agentes de transformação dentro da empresa.

OS FORMATOS PRESENCIAL, HÍBRIDO E REMOTO SÃO DESIGUAIS EM NÍVEL DE INFORMAÇÃO.

Por mais que os líderes se esforcem no sentido de informar a todos da mesma forma e ao mesmo tempo, nada substitui a comunicação que acontece no ambiente físico de trabalho.

Em função disso, já é comum as pessoas que atuam fora do escritório se sentirem deixadas de lado em nível de informação por saberem das decisões, iniciativas e fatos de forma incompleta ou tardia. Mesmo que a informação chegue por e-mail ou WhatsApp, nem todos têm o hábito de ler, além dessas mensagens se perderem em meio a tantas.

Todavia, o formato de trabalho é uma decisão da empresa, e os líderes precisam aprender a comunicar de forma clara, direta e completa, independentemente de onde as pessoas estejam. Um caminho é aceitar que, nos modelos remoto e híbrido, a comunicação líder-equipe despenderá um esforço duplo e sequencial.

AS CAMPANHAS DE ENDOMARKETING.

Além do líder e dos canais que complementam o seu desempenho como comunicador, existe uma terceira via para a distribuição da informação que são as campanhas internas, um conjunto de peças/instrumentos capazes de chamar a atenção do colaborador por meio de abordagens diferenciadas e mídias alternativas.

Dentro desse contexto, existem:

- **as campanhas informativas**, cujo objetivo, como o próprio nome indica, é o de informar; e
- **as campanhas motivacionais**, que visam incentivar a participação das pessoas em um programa, projeto ou processo, engajar a uma determinada causa ou propor um novo comportamento, entre outros objetivos.

O prefixo "endo-", do grego, quer dizer "ação interior ou movimento para dentro".

ENDOMARKETING = MARKETING PARA DENTRO.

É quando a empresa utiliza técnicas e estratégias de Marketing como cor, imagem, frase de efeito, ganchos publicitários, interação, movimento e muitos outros, para repassar uma informação.

A Comunicação Interna tem, portanto, três formas de distribuição: líder + canais + campanhas.

É por meio dessas três vias que a informação deve chegar aos colaboradores, em todas as áreas, os cargos e as funções, cada uma com as suas características de veiculação e abordagem.

Ainda, vale ressaltar que existe uma diferença entre esses dois conceitos – Comunicação Interna e Endomarketing, porém ela é muito tênue.

- Quando a informação é repassada por meio do líder ou dos canais oficiais, a empresa está fazendo Comunicação Interna.
- Quando a informação é repassada com o uso de técnicas e estratégias de Marketing (cor, imagens, frases de efeito e outros), a empresa está fazendo Endomarketing.

A COMUNICAÇÃO INFORMAL.

Sabemos que de nada adianta haver uma boa distribuição se o produto – a informação – chegar atrasado, porque é na sua ausência ou na demora da sua entrega que se estabelece o espaço para que aconteça a comunicação informal, conhecida por "rádio peão", "rádio corredor", "rádio restaurante", "rádio whatsapp", "rádio net" e outras (são muitos os nomes utilizados).

Sobre a ausência da informação, percebo que, quando a empresa não informa ou o líder se comporta como se fosse um espectador e não um intermediário, não assumindo o seu papel de canal e não buscando o conteúdo correto a ser repassado para a sua equipe, as pessoas criam suas próprias versões e as divulgam como verdade. Isso se chama comunicação informal e é totalmente nociva para a imagem interna da empresa.

Onde há pessoas, há comunicação informal. No entanto, é fundamental que a empresa não se omita no que diz respeito à comunicação informal. A ausência de informações claras e oficiais abre espaço para boatos e interpretações equivocadas, o que pode comprometer o clima organizacional, gerar desconfiança entre os colaboradores e afetar a produtividade.

Cabe ao líder agir no sentido de identificar os boatos e buscar o posicionamento da empresa sobre o que está sendo comentado, assumindo a responsabilidade que tem em relação à informação.

Mais do que ser comunicada no tempo certo, a informação precisa de agilidade, sistemática e flexibilidade.

Afinal, de nada adianta a empresa comunicar uma vez e, depois, passar um longo período sem fazê-lo.

Quando isso acontece, o líder tem o desafio de reconhecer aquelas pessoas que, por algum motivo, não foram atingidas pelo conteúdo, providenciando para que sejam. Afinal, toda empresa tem o que é chamado de "ponto cego", termo usado para se referir àquele segmento de público interno para o qual a dificuldade de entregar a informação é maior, o que normalmente acontece por questões geográficas ou diferentes ambientes e turnos de trabalho.

A seguir, para facilitar o seu entendimento, está um resumo do sistema de Comunicação Interna e Endomarketing de uma empresa:

- **Produto**: informação corporativa.
- **Consumidor**: público interno.
- **Distribuição**: por meio do líder, dos canais oficiais de Comunicação Interna e das Campanhas de Endomarketing.

- **Primeiro e principal canal de Comunicação Interna**: líder.
- **Canais de Comunicação Interna**: cada empresa tem os seus canais oficiais para repassar informação ao público interno.
- **Campanhas de Endomarketing**: conjunto de peças informativas e motivacionais que a empresa cria e veicula para engajar o público interno.

Ao dominar as informações colocadas neste capítulo, você terá uma compreensão abrangente sobre a forma como a informação corporativa é compartilhada dentro de uma organização. Essa clareza em relação ao processo é essencial, porque a informação bem direcionada é um dos principais ativos de qualquer empresa.

Um sistema de Comunicação Interna e Endomarketing é uma rede de distribuição da informação estruturada, sistemática e integrada, na qual você desempenha um papel absolutamente central como primeiro e principal canal de comunicação interna.

Logo, entender de comunicação e desenvolver essa competência é o melhor caminho para que você se coloque como um elo entre a estratégia e a execução.

9

COMUNICAÇÃO
UMA COMPETÊNCIA ESSENCIAL

A comunicação é uma competência essencial e indispensável para qualquer nível de liderança. Mesmo que a empresa tenha uma série de outras competências associadas ao papel do líder, a comunicação funciona como um "alicerce" ou um "guarda-chuva" para as demais, visto que sem comunicação não existe liderança.

Em uma era na qual a comunicação escrita e digital é constante, o diálogo entre o líder e a sua equipe vem se tornando a mais poderosa estratégia de engajamento. Trata-se de uma troca que influencia diretamente o alcance dos objetivos da área e, por consequência, da empresa como um todo.

Isso se concretiza a partir do momento em que o líder assume o espaço que existe no centro da pirâmide organizacional, atuando como um elo entre a alta direção e a base operacional ou administrativa e tendo, como principal ferramenta, a informação.

Naturalmente, a ocupação desse espaço será exercida de acordo com o perfil de cada líder, considerando as suas características pessoais, o seu estilo de conduzir o time e, sobretudo, a sua capacidade de transformar as experiências do cotidiano em aprendizados que fortaleçam a virtude da liderança.

A COMUNICAÇÃO ESTÁ NO CENTRO DA LIDERANÇA EFICAZ E DO ATO DE INFLUENCIAR.

Mais do que transmitir informações, comunicar é conduzir as pessoas para um objetivo comum. Um líder que não domina essa competência compromete sua capacidade de influenciar.

Em ambientes corporativos cada vez mais complexos, nos quais mudanças ocorrem em ritmo acelerado e a diversidade de perfis e gerações se amplia, a comunicação do líder deixa de ser apenas funcional para se tornar cada vez mais estratégica.

Quando um líder comunica metas, dá feedbacks, esclarece posicionamentos e decisões, escuta com empatia e, acima de tudo, mantém abertos os canais de diálogo com a sua equipe, está fazendo da comunicação uma estratégia, ou seja, usando-a como um caminho para chegar aos objetivos da sua área e da empresa.

A comunicação também é essencial para a construção de um clima organizacional saudável. Líderes que se expressam de forma transparente e coerente fortalecem a confiança da equipe, reduzem ruídos e mal-entendidos, e promovem um ambiente de colaboração e respeito. Além disso, são capazes de adaptar sua linguagem conforme o contexto e o público, o que aumenta o nível da conexão, independentemente dos interlocutores.

Entenda que desenvolver-se nessa competência significa mais do que falar bem. Envolve saber escutar ativamente, interpretar sinais não verbais, adaptar-se a diferentes meios (presenciais e digitais) e ter sensibilidade para perceber o impacto das palavras sobre a equipe.

Mais do que isso, entenda a comunicação como uma habilidade comportamental que se reflete diretamente na qualidade das relações, na produtividade da equipe e no desempenho organizacional.

SER UM BOM COMUNICADOR É UMA ESCOLHA E UMA DECISÃO PESSOAL.

Acredito que desenvolver a capacidade de comunicação não é apenas uma habilidade desejável para quem lidera, é uma necessidade. No entanto, mais importante do que reconhecer essa necessidade é o líder assumir, de forma consciente, o compromisso de se tornar um comunicador ativo, intencional e responsável. Isso exige esforço, prática e, sobretudo, decisão pessoal.

Sabemos que nem todo líder nasce com facilidade para se expressar, escutar ou inspirar por meio das palavras. Ainda assim, a comunicação é uma competência que pode e deve ser desenvolvida. Aprender a se comunicar bem não é apenas uma questão técnica; é se colocar no lugar da outra pessoa, entender o impacto da própria mensagem e ajustar o discurso conforme o momento, o público e os objetivos.

Muito do que a equipe entende (ou não entende) sobre a Cultura Organizacional, as diretrizes, as estratégias e os posicionamentos da organização passam por ele. Se esse canal estiver fechado ou for falho, a desconexão entre a alta liderança e o time operacional se amplia, gerando ruídos, desalinhamento e perda de engajamento.

Assumir-se como comunicador não significa falar o tempo todo ou buscar protagonismo nas conversas, significa responsabilidade. O líder deve estar disposto a:

- escutar antes de falar;
- esclarecer antes de cobrar; e
- traduzir a estratégia da empresa em linguagem acessível, motivadora e relevante para a sua equipe.

Tornar-se um líder que sabe se comunicar é também um ato de humildade e de autoconhecimento.

Isso exige que o líder reconheça seus pontos fracos, esteja

aberto a feedbacks, aprenda com os erros e busque constantemente melhorar, o que pode envolver leitura, treinamento, mentorias e, acima de tudo, disposição para exercitar a escuta ativa, a empatia e a presença genuína nas interações do dia a dia.

TORNAR-SE UM BOM COMUNICADOR
É UM CAMINHO SEM LINHA DE CHEGADA.

Quantas vezes você já saiu do trabalho e, no caminho para casa, pensou que poderia ter se expressado de outra forma? Ou percebeu, tarde demais, que esqueceu de compartilhar uma informação importante, que poderia ter feito toda a diferença para a sua equipe? Esses momentos de reflexão são comuns e revelam algo essencial: comunicar bem é uma habilidade em constante construção.

Tornar-se um líder comunicador é um percurso contínuo, feito de tentativas, ajustes e aprendizados diários. É preciso desenvolver consciência sobre o impacto da sua fala e do seu silêncio, estar atento aos ruídos e cultivar intencionalidade em cada movimento. Ser um bom comunicador não significa ser perfeito, mas estar comprometido em melhorar, dia após dia.

Em última análise, a comunicação não é algo que se delega. É uma prática contínua que exige dedicação. Por isso, tornar-se um líder comunicador é uma escolha intransferível e profundamente transformadora para o líder, sua equipe e a organização como um todo.

Por fim, é importante lembrar que comunicação pressupõe entendimento.

Comunicar vai muito além de transmitir palavras, sons ou sinais. Envolve intenção, transmissão (codificação) e recepção (decodificação) da mensagem. Para que o processo se complete, é fundamental que o receptor compreenda aquilo que foi comunicado.

A principal finalidade da comunicação é gerar entendimento mútuo. Se a mensagem é enviada, mas não é compreendida, é porque a comunicação falhou, havendo apenas uma transmissão de informação, não uma troca real de significado.

Um exemplo prático: imagine que a empresa em que você trabalha o empoderou como um influenciador da sua Cultura Organizacional. Isso significa que você terá a responsabilidade de comunicar os elementos dessa Cultura aos seus liderados sempre que considerar necessário e adequado. No entanto, se após seis meses você perceber que as pessoas ainda não entenderam a importância de praticar os comportamentos associados a cada valor da empresa, é sinal de que a sua comunicação não ocorreu de forma eficaz – mesmo que você tenha falado sobre o assunto diversas vezes.

A partir do próximo capítulo, abordarei algumas técnicas e estratégias de comunicação face a face que o acompanharão nesta jornada de tornar-se cada vez mais um líder comunicador, levando em consideração que:

COMUNICAR É INFLUENCIAR E
INFLUENCIAR É COMUNICAR.

A influência está intrinsecamente ligada à comunicação. Influenciar é, em essência, provocar mudanças na percepção, no comportamento ou na atitude de alguém. Isso somente é possível por meio da troca de informações, ideias, emoções ou exemplos.

No contexto da liderança, essa conexão é ainda mais evidente. Um líder só consegue inspirar, engajar e mobilizar sua equipe se for capaz de se comunicar de forma clara, coerente e empática. A comunicação eficaz é a ferramenta por meio da qual os valores são transmitidos, a Cultura é reforçada e as decisões ganham sentido.

Esse caminho, no entanto, é repleto de diferentes paisagens.

Algumas serão agradáveis de percorrer; outras, nem tanto. Mas ao longo do percurso, você perceberá que todas são essenciais para o seu desenvolvimento como um líder influenciador. Refiro-me às paisagens:

- do posicionamento;
- da escuta;
- da expressão;
- da intenção; e
- da colaboração.

10

INFLUENCIAR
UM CAMINHO COM MUITAS PAISAGENS

PAISAGEM DO POSICIONAMENTO

Em primeiro lugar, quero explicar o conceito de posicionamento, partindo da origem da palavra que vem do latim "positio" e que significa "colocar ou dispor em algum lugar". A evolução desse conceito para as línguas latinas trouxe um significado mais concreto, dizendo que posicionamento é colocar-se em uma posição específica.

No português, o sufixo "-mento" indica uma ação ou um efeito. Portanto, posicionamento significa o ato de colocar-se em um determinado lugar, física ou simbolicamente.

No Marketing, esse conceito surgiu entre as décadas de 1960 e 1970, quando os publicitários e estrategistas Al Ries e Jack Trout trouxeram, por meio de artigos e livros, a ideia de que "posicionamento não é o que você faz com o produto, mas sim o que você faz com a mente do consumidor, ou seja, a maneira como você se posiciona na mente do público-alvo".

A verdade é que esse conceito revolucionou o Marketing ao sugerir que, em um mundo saturado de informação, o sucesso de uma marca ou produto depende de ocupar um lugar claro e distinto na mente do consumidor, com base em diferenciação, foco e clareza da mensagem.

No mundo corporativo, o posicionamento de marca é essencial para que uma empresa seja lembrada, reconhecida e escolhida em meio à concorrência. Marcas bem-posicionadas têm clareza sobre o que oferecem, para quem oferecem e como se diferenciam.

Com o passar do tempo, o conceito de posicionamento deixou de ser exclusivo das empresas e passou a ser aplicado a profissionais, líderes, influenciadores e marcas pessoais. Hoje, é comum falarmos sobre "posicionamento de carreira", "marca pessoal" ou "branding individual", que seguem os mesmos princípios: clareza, foco e diferenciação na percepção alheia.

O escritor Tom Peters, em 1997, ajudou a popularizar essa ideia no mundo corporativo. Ele afirmou que "cada profissional, independentemente do cargo que ocupa, deve pensar e agir como uma marca, gerenciando sua imagem, entregando valor e se posicionando estrategicamente".

Sempre acreditei que, assim como as empresas, marcas e produtos definem como querem ser percebidos no mercado, todo profissional também precisa se posicionar com clareza, escolhendo conscientemente o espaço que deseja ocupar e a reputação que quer construir ao longo da carreira.

Costumo dizer que o posicionamento é uma decisão estratégica e pessoal. No meu caso, essa decisão aconteceu quando escolhi ser conhecida e reconhecida como uma especialista em Comunicação Interna e Endomarketing. Desde então, não houve um único dia em que eu não tenha trabalhado, de forma intencional e consistente, para consolidar essa imagem.

Primeiro, me perguntei: como eu quero ser percebida? A resposta a essa pergunta guiou todas as minhas escolhas dali em diante. Defini os pilares que sustentariam minha marca pessoal, tracei as estratégias que julgava essenciais e construí um plano para comunicar, na prática, essa especialização. Desde então, cada ação, projeto, conteúdo, conversa ou entrega foi um tijolo que coloquei nesta construção. O reconhecimento não veio da noite para o dia, mas da constância, da coerência e do compromisso com essa visão de futuro.

POSICIONAR-SE É MAIS DO QUE DIZER AO MERCADO QUEM VOCÊ É.

É mostrar, todos os dias, com atitude, consistência e valor, aquilo que você escolheu. Isso significa muito mais do que ter um bom currículo. Trata-se de compreender profundamente suas competências, seus valores, seu propósito e seus diferenciais, e comunicar isso de forma autêntica, seja no ambiente de trabalho, nas redes sociais, em entrevistas ou em eventos de networking.

O profissional que tenta ser tudo ao mesmo tempo corre o risco de ser percebido como genérico. Posicionar-se é escolher um caminho, definir um foco e, com isso, gerar valor específico em uma empresa, cargo ou função.

Enquanto líder, você precisa ocupar, com consciência e responsabilidade, o seu lugar estratégico, comportando-se como tal. Não se trata de adotar uma postura autoritária ou se distanciar da equipe, mas de assumir o papel relevante que lhe cabe dentro da organização.

É comum vermos líderes que se confundem com seus liderados, agindo como se estivessem na base da pirâmide organizacional, uma postura que enfraquece a liderança, compromete a autoridade natural do cargo e gera insegurança na equipe, que passa a operar sem direção.

Em meio a tantas novidades e desafios nas empresas, um líder que se posiciona se torna um ponto de referência para o time. Ele não apenas ocupa seu lugar, ele sustenta esse espaço com atitude, consistência e propósito.

As pessoas buscam segurança em quem lidera, e essa sensação nasce da força do posicionamento do líder. Quando ele se omite, evita conflitos ou tenta agradar a todos o tempo todo, acaba transmitindo instabilidade. Já o líder que sabe o que defende, que comunica suas decisões com transparência e age com base em valores sólidos, inspira confiança mesmo quando as decisões não agradam a todos.

POSICIONAR-SE É, ANTES DE TUDO,
UMA ATITUDE DE LIDERANÇA SOBRE SI MESMO.

É ter coragem para dizer "sim" e, principalmente, "não", quando necessário. É demonstrar coerência entre o discurso e a prática. É deixar claro para a equipe quais são os princípios que norteiam o caminho.

A verdade é que as pessoas não seguem apenas títulos ou cargos – elas também seguem ideias e convicções. E tudo isso começa no posicionamento. Assumir o lugar de líder, posicionando-se como tal, significa entender que sua função é criar contextos, remover barreiras, promover desenvolvimento e garantir que o time avance com propósito. O líder que foge desse papel, mesmo com boas intenções, abdica de representar dois fatores essenciais: referência e sustentação.

Além disso, quem se posiciona profissionalmente com consciência, se torna um protagonista da sua carreira. Ele não espera que as oportunidades apareçam por acaso – ele as atrai, porque sabe quem é, onde deseja chegar e como se diferenciar.

BUSQUE O AUTOCONHECIMENTO.

Em primeiro lugar, você precisa saber no que é bom, o que o motiva, quais as dificuldades que tem, que tipo de carência acumulou no decorrer da vida, o que deseja fazer para sempre e, também, o que não deseja mais fazer.

O autoconhecimento não é um luxo para o líder moderno. É uma condição fundamental para influenciar a sua equipe com consciência e consistência. Um líder que se conhece não lidera a partir das suas sombras, mas da sua clareza. E quando o líder se transforma, a Cultura da organização inevitavelmente o acompanha.

É evidente que um líder que se conhece e identifica seus padrões emocionais, preconceitos e vieses, tem mais condições de evitar decisões impulsivas, baseadas no medo, no ego e na necessidade de controle.

Em primeiro lugar, você precisa saber no que é bom, o que o motiva, quais as dificuldades, que tipo de carência acumulou no decorrer da vida, o que deseja fazer para sempre e, também, o que não deseja mais fazer.

Ao conhecer as suas qualidades, vulnerabilidades e limites, você estará protegido, também, de uma possível arrogância, vaidade ou autoritarismo. Nesse caso, você se tornará mais humilde, aberto ao feedback e disposto a aprender.

Da mesma forma, somente quem se conhece é capaz de conhecer e desenvolver o outro com empatia e discernimento, pois não corre o risco de projetar suas inseguranças nos seus liderados.

Existem algumas técnicas para intensificar o autoconhecimento. São elas:

- a prática contínua da autoavaliação;
- a reflexão permanente sobre as suas reações;
- a anotação das situações difíceis e como as enfrentou;
- a solicitação de feedbacks para a equipe;
- a troca de experiências com colegas de liderança;
- a terapia;

- o coaching profissional;
- o estudo continuado; e
- a meditação.

Saiba que o autoconhecimento é o primeiro passo para o equilíbrio emocional, tão importante para o exercício da liderança influenciadora.

TENHA E DEMONSTRE EQUILÍBRIO EMOCIONAL.

O equilíbrio emocional não é apenas uma virtude desejável em um líder, é uma competência estratégica, permitindo que ele atue com humanidade, coerência e efetividade, mesmo nas situações mais desafiadoras.

Na vida pessoal, podemos nos arrepender, pedir desculpas e restabelecer a relação, uma vez que os vínculos familiares e de amizade, na maioria das vezes, permitem isso. Mas na vida profissional o pedido de desculpas e a concessão dela nem sempre é possível.

A influência negativa de um ato de desequilíbrio, na vida de um líder, pode ser para sempre, e a demonstração de arrependimento, assim como o pedido de desculpas, tende a provocar reações mais negativas do que positivas.

Ter equilíbrio emocional significa ser capaz de reconhecer, compreender e gerenciar as próprias emoções de forma saudável e apropriada, mesmo diante de situações difíceis, estressantes ou desafiadoras. Veja bem: não se trata de reprimir sentimentos, mas de responder às emoções com consciência e controle, em vez de reagir impulsivamente.

As principais características de uma pessoa com equilíbrio emocional são as seguintes:

- **Autoconsciência emocional** – a pessoa reconhece o que está sentindo (raiva, tristeza, alegria, frustração etc.) e sabe como essas emoções afetam seu comportamento e suas decisões.

- **Autocontrole** – a pessoa consegue se manter calma em momentos de estresse e, assim, evita reações impulsivas ou exageradas.
- **Empatia** – a pessoa compreende o que os outros sentem e respeita os sentimentos alheios, mesmo quando não concorda com eles.
- **Resiliência** – a pessoa supera frustrações, perdas ou fracassos sem se deixar abater por completo, além de aprender com os desafios e voltar mais forte.
- **Relacionamentos saudáveis** – a pessoa se comunica com clareza e respeito, resolvendo conflitos de forma construtiva e sem agressividade.

Para ser um influenciador da Cultura, é essencial que você desenvolva e mantenha as características acima. Afinal, a prática dos valores da empresa depende da forma como as pessoas os interpretam e lidam com eles, o que inclui as emoções. Ao se manter equilibrado emocionalmente, você saberá se expressar com firmeza diante de comportamentos inadequados, porém sem agressividade, evitando explosões emocionais, sarcasmo ou ironias, mesmo em momentos de tensão. Essa postura fortalece a comunicação e evita mal-entendidos que poderiam gerar conflitos.

Isso faz, também, com que você se mostre aberto às necessidades, dificuldades e sugestões dos seus liderados, criando um ambiente de acolhimento e cooperação.

Durante momentos de crise, por exemplo, você não entrará em pânico nem transmitirá insegurança. Em vez disso, tratará as questões com serenidade, o que acalmará o grupo e ajudará todos a manterem o foco.

Lembre-se que um líder influencia a equipe não apenas com palavras, mas, principalmente, com atitudes. Se você reage com calma, paciência e respeito, mesmo sob pressão, está ensinando pelo exemplo. Isso inspira os colaboradores a também desenvolverem autocontrole e maturidade emocional.

Por fim, vale dizer que líderes emocionalmente equilibrados criam espaços nos quais as pessoas se sentem respeitadas, valorizadas e seguras para dar o melhor de si. Esse tipo de ambiente estimula o comprometimento, a criatividade e o senso de equipe.

Portanto, tenha e demonstre equilíbrio emocional.

EMPODERE-SE COMO LÍDER.

Empoderar-se é o alicerce para empoderar os outros. Uma vez empoderado, você terá mais condições de impulsionar seus liderados – não dando poder a eles, mas despertando o poder que existe em cada um.

O empoderamento do líder não depende apenas da autoridade formal, mas, principalmente, do respeito conquistado. É um processo interno de fortalecimento pessoal que permite ao líder exercer sua influência de forma genuína e eficaz.

Isso envolve tanto o fortalecimento interno (autoconfiança, clareza de propósito e inteligência emocional) quanto a prática externa (tomada de decisões, comunicação eficaz e incentivo ao crescimento dos outros).

Já empoderar a equipe é fomentar um ambiente em que cada pessoa se sinta capaz, valorizada e parte ativa do sucesso coletivo. Isso significa:

- ajudar cada membro a reconhecer seu potencial e ter confiança para tomar decisões e agir com autonomia;
- delegar com significado, ou seja, atribuir responsabilidades

não como mero repasse de tarefas, mas como uma forma de desenvolver competências;
- criar um ambiente psicológico seguro, onde os erros são oportunidades de aprendizado, e não ameaças; e
- reconhecer conquistas e incentivar a iniciativa, reforçando continuamente que cada pessoa é parte essencial do resultado coletivo.

Despertar o poder que existe dentro de cada um é contribuir para que a outra pessoa tome consciência do próprio potencial – aquele conjunto de forças internas que, muitas vezes, estão adormecidas ou subutilizadas por medo, insegurança, condicionamentos sociais ou falta de autoconhecimento.

Um líder empoderado é capaz de reconhecer valor nos seus liderados, ajudando-os a assumirem o controle das suas próprias vidas, escolhas e atitudes. Mais do que isso, é capaz de ajudar as pessoas a acessarem recursos internos como coragem, criatividade e resiliência.

Isso impacta profundamente o comportamento das pessoas, o clima na área e os resultados da equipe. É o empoderamento do líder agindo como um espelho ou um catalisador.

CONSTRUA AUTORIDADE.

Olhando para o conceito de autoridade sob o ponto de vista da liderança, tanto pelo lado positivo quanto negativo, veremos que a forma como a autoridade é exercida tem impacto direto na consolidação de uma Cultura Organizacional.

A AUTORIDADE NEGATIVA.

Explorando essa dualidade, positiva e negativa, podemos ver que a autoridade usada de forma negativa está associada ao abuso de poder, ao controle rígido e à imposição. O líder com autoridade negativa se apoia principalmente no cargo formal, no medo e na obediência cega. Uma boa representação disso é a famosa frase: "Você sabe com quem está falando?".

A AUTORIDADE POSITIVA.

Já a autoridade positiva é aquela que se constrói com base nas características que possuímos enquanto líder e naquilo de bom que somos capazes de transmitir como, por exemplo, o respeito pelo ser humano. O líder com autoridade positiva não precisa gritar para ser ouvido, influenciando pelo exemplo, pela competência e pela confiança que inspira.

Ao longo da minha vida como líder, construí a minha autoridade com base em três fatores:

- **Conhecimento** – sempre estudei muito, transmitindo conteúdo aos meus liderados de forma constante por meio de treinamentos, reuniões, livros, artigos e publicações nas redes sociais, além de compartilhar aquilo que observava, aprendia ou descobria.
- **Firmeza** – buscava manter posicionamentos claros, coerentes e éticos, mesmo diante de pressões, resistências ou situações difíceis.
- **Exemplo** – expunha sem receio as minhas crenças e escolhas, agindo de forma coerente com aquilo que dizia.

É essencial entender que uma autoridade positiva, construída a partir daquilo que as pessoas admiram, não acontece automaticamente, muito menos a partir do cargo que lhe foi concedido pela empresa; ela é conquistada ao longo do tempo, com dedicação e esforço.

Hoje, como sócia e Conselheira da empresa que criei, não lidero mais pessoas. Contudo, sempre que participo de reuniões, ou mesmo no dia a dia, quando sugiro algo, as pessoas param para ouvir, e é comum seguirem os meus conselhos, pelo simples fato de que exerço uma autoridade positiva sobre elas.

Isso provoca um orgulho imenso em mim, porque tenho consciência do esforço que fiz nos mais de 20 anos à frente daquela equipe para conquistar esse espaço. Isso prova, também, que a autoridade conquistada a partir de características positivas se mantém ao longo do tempo.

Liderar não é sobre agradar. Quando me refiro a características positivas, não estou falando em "ser boazinha". No exercício da liderança, nunca fui "boazinha".

Muitos ainda confundem liderança com popularidade, pensando que um bom líder é aquele do qual todos gostam, que nunca entra em conflito e que mantém o ambiente "leve" a qualquer custo. Mas essa é uma visão superficial e perigosa. Um líder não pode ser alguém que evita o desconforto, adia conversas difíceis ou age apenas para agradar. Liderança não é um concurso de simpatia, mas uma jornada de responsabilidade, coragem e impacto.

LIDERAR É FAZER O QUE PRECISA SER FEITO COM HUMANIZAÇÃO E FIRMEZA.

O verdadeiro líder entende que seu papel é fazer a equipe crescer, atingir resultados sustentáveis e desenvolver as pessoas, mesmo quando isso exige firmeza, confrontos ou decisões impopulares.

Liderar significa, muitas vezes, incomodar o outro no melhor sentido da palavra: desafiá-lo a sair da zona de conforto, mostrar onde ele pode melhorar ou apontar falhas que estão comprometendo o seu desempenho. É certo que ser duro quando necessário não significa ser rude, autoritário ou insensível. Significa ser responsável, claro e comprometido com o negócio e a Cultura da empresa.

Sabemos que, em algum momento, todo líder terá que dar feedbacks negativos, comunicar mudanças difíceis, lidar com baixa performance ou até mesmo tomar decisões sobre desligamentos. Isso exige maturidade emocional e coragem para sustentar o desconforto de uma conversa honesta, sem se esconder atrás de discursos evasivos ou da tentativa de manter a própria imagem de "bacana" ou "legal".

Evitar essas situações por medo de desagradar é sinal de carência emocional ou insegurança pessoal. O líder que quer ser amado por todos perde a autoridade positiva conquistada porque troca a verdade pela aceitação. Não se trata de escolher entre ser firme ou empático.

O líder que tem autoridade é firme com as expectativas e empático com as pessoas. Ele não exige menos do que o necessário, mas comunica suas exigências com respeito, humanidade e propósito. Ele sabe que o desconforto de um feedback honesto pode ser, a longo prazo, um ato de cuidado e respeito, mostrando que acredita no potencial da pessoa.

Autoridade positiva é, portanto, decorrente de dois fatores que se complementam: humanização e firmeza.

TORNE-SE UM LÍDER CARISMÁTICO.

Você deve estar estranhando esse título. Afinal, a percepção comum é a de que as pessoas nascem ou não com carisma – essa capacidade de atrair, encantar e influenciar pessoas por meio de uma presença autêntica, envolvente e inspiradora.

Carisma não significa apenas ser simpático ou extrovertido, mas transmitir algo que gera conexão emocional e confiança, muitas vezes sem esforço aparente. Aliás, o fato de ser algo sem um esforço que chama a atenção é exatamente o que nos faz pensar ser impossível o "tornar-se um líder carismático". É também por acreditarmos que se trata de algo genuíno que admiramos, e até invejamos, pessoas carismáticas. Afinal, todos conhecemos alguém assim.

A origem da palavra reflete exatamente isso: "kharisma", do grego, significa "dom", "graça" ou "presente divino".

Todavia, o carisma pode ser compreendido como uma virtude, especialmente quando olhamos para esse conceito no contexto da liderança, ou seja, como algo que promove uma conexão direta e imediata com os outros. Nesse caso, ele deixa de ser um "dom natural" para se tornar uma qualidade que pode ser adquirida.

Assim, entenda a virtude como uma disposição assumida e fortalecida pelo exercício constante, não como um dom fixo ou exclusivo de poucos.

Exemplo: eu toco piano desde menina. Todavia, não acredito ter nascido com esse dom, até porque a decisão de que eu deveria estudar piano não foi minha, e sim da minha mãe que amava esse instrumento musical.

Comecei a estudar piano na infância e segui durante a adolescência. Quando entrei para a faculdade e comecei a trabalhar, abandonei o piano, retomando-o na idade adulta. Em todas essas fases, o "tocar piano" exigiu de mim disponibilidade, estudo, paciência, atenção e, principalmente, repetição. Para aprender uma música, preciso repeti-la muitas vezes.

Por que estou contando isso? Porque tocar piano é uma virtude que as pessoas admiram em mim. Uma virtude que eu construí por vários motivos, mas principalmente para agradar a minha mãe – embora hoje eu aprecie muito tocar. Ocorre que, à medida que me dedicava, fui me apaixonando pelo piano. Há quem diga que "a paixão vem primeiro". Porém, em muitos casos, a paixão vem depois, como fruto do contato constante, da descoberta progressiva e da superação de obstáculos.

Quando nos aproximamos de algo novo, seja uma atividade, uma profissão, um instrumento musical, uma ideia ou até uma pessoa, o interesse inicial pode ser fraco ou inexistente. Às vezes, começamos por curiosidade, necessidade ou obrigação. Contudo, à medida que nos dedicamos, nos aprofundamos, enfrentamos os desafios e começamos a entender os detalhes, algo muda: o que antes era estranho se torna familiar; o que era difícil se torna instigante; e o que era externo começa a fazer parte de quem somos.

O CARISMA É UMA VIRTUDE.

Sim, o carisma é uma virtude e, como virtude, pode e deve ser desenvolvida por qualquer profissional, especialmente por quem está no exercício da liderança. Acredite: o seu carisma certamente vai crescer se você buscar se comunicar melhor, ser mais presente, autêntico e receptivo às pessoas, porque virtudes decorrem de práticas que colocamos no nosso cotidiano, e não de talentos fixos com os quais nascemos ou não.

A virtude é mais do que uma habilidade, é decorrente de uma atitude constante. Podemos dizer, também, que virtude não é apenas "saber fazer algo" como tocar piano, mas agir no sentido de fazer aquilo de uma forma cada vez melhor.

O filósofo grego Aristóteles dizia que "a virtude é um hábito do bem", ou seja, um modo de ser que vai se aperfeiçoando ao longo da vida.

O carisma não é um dom exclusivo, mas uma habilidade que pode ser aprendida, desenvolvida e praticada por qualquer líder comprometido em melhorar o relacionamento que tem com a Direção da empresa, com os outros líderes e, sobretudo, com a sua equipe.

Costumo dizer que, nos relacionamentos, tudo começa com um cumprimento e termina com um agradecimento. Um simples aperto de mão – ou a ausência dele – pode definir o tom de uma interação e impactar significativamente a percepção do outro.

Portanto, para se tornar um líder carismático, nunca deixe de cumprimentar e agradecer. Além disso, observe com atenção o comportamento das pessoas que você considera carismáticas. Identifique o que as torna especiais e vá incorporando pequenas atitudes ao seu dia a dia. Afinal, não existe crescimento sem referências. Todos precisamos de modelos para nos inspirar.

Carisma se constrói nos detalhes e na intenção genuína de se conectar com o outro. Portanto, demonstre interesse genuíno e verdadeiro pelas pessoas, olhando nos olhos, sorrindo, fazendo perguntas, escutando, prestando atenção nos assuntos, acolhendo, elogiando, identificando características em comum, contando de si e usando palavras positivas. Seja amável, gentil e agradável.

Uma boa prática é chamar todos da equipe pelo nome e, quando houver oportunidade, perguntar sobre a faculdade que está cursando, sobre os filhos, sobre o pai que esteve doente, elogiar uma roupa ou um cabelo diferente, questionar sobre um hobby ou um projeto pessoal. A minha proposta é a de que você nunca perca a oportunidade de fazer isso.

O líder carismático é aquele que se mostra próximo, atencioso, caloroso e fácil de se lidar, transmitindo boas vibrações e deixando os outros à vontade na sua presença.

Lembre-se que nada é pior do que as pessoas terem medo de chegar perto e falar com o seu líder. Essa frase toca em um ponto negativo importantíssimo relacionado à liderança: o uso do medo como ferramenta de controle. Liderar por meio do medo é ineficaz a longo prazo, além de tóxico para a Cultura Organizacional, pois certamente nada tem a ver com os valores que estão sendo divulgados por ela.

O medo pode gerar obediência momentânea, mas nunca gera respeito genuíno, engajamento sincero ou colaboração verdadeira. Quando as pessoas têm medo do líder, costumam se calar diante de problemas, esconder erros, burlar informações ou maquiar resultados por receio de represálias. Isso é contrário a qualquer ideia de incentivo à autonomia e à inovação. Além disso, as pessoas passam a desconfiar umas das outras, criando um ambiente de competição em vez de cooperação.

Muitos líderes recorrem ao medo por insegurança ou despreparo. Por isso, os itens que compõem este capítulo sobre posicionamento são de extrema importância.

Cabe ao líder criar um contexto confortável na sua área, usando todo o potencial do carisma com o qual já nasceu ou se esforçou para adquirir.

ATUE COMO UM MEDIADOR.

Em um dos capítulos anteriores, abordei algumas das características das diferentes gerações que, hoje, convivem no mesmo ambiente de trabalho. Cada uma carregando não apenas experiências e hábitos distintos, mas também valores moldados por contextos históricos e sociais muito diferentes.

Associado a isso, vivemos em um mundo totalmente polarizado em nível de pensamento, o que também produz impacto no contexto profissional.

A POLARIZAÇÃO É UMA DAS CARACTERÍSTICAS MAIS MARCANTES DO NOSSO TEMPO.

O mais preocupante é que ela não está restrita apenas ao campo político. A polarização atravessa áreas como Cultura, comportamento, ciência, religião e educação, além das relações do cotidiano.

Vivemos um momento em que as pessoas tendem a se posicionar de forma extrema, inclusive no espaço de trabalho, demonstrando pouca disposição para escutar o outro ou buscar pontos de equilíbrio. São extremos opostos que dificilmente dialogam. Ao contrário, em vez do debate construtivo, há confronto. Em vez de empatia, há cancelamento. A ideia de que "quem não está comigo, está contra mim", infelizmente, se tornou comum.

Em contrapartida, hoje fala-se muito em segurança psicológica no ambiente de trabalho, uma prática que começa na Cultura da empresa e se estabelece por meio da atuação do líder. Segurança psicológica, explicada de uma forma simples, nada mais é do que a sensação de que a pessoa pode se expressar livremente - dar ideias, fazer perguntas, admitir erros ou discordar - sem medo de ser julgada, ridicularizada ou punida.

A SEGURANÇA PSICOLÓGICA É UM DOS PILARES DE AMBIENTES COLABORATIVOS, CRIATIVOS E SAUDÁVEIS.

Sabemos que, em muitas empresas, a segurança psicológica ainda é uma utopia, exatamente devido ao comportamento da liderança, o que, muitas vezes, está enraizado no DNA da organização.

Contudo, é importante ressaltar que a segurança psicológica não depende apenas da empresa e da atuação do líder, mas também das relações entre as pessoas no ambiente de trabalho.

Trata-se de um contexto bem difícil de ser administrado, por ser um espaço no qual a polarização tem se instalado de forma muito prejudicial. E quando a polarização entra no âmbito profissional, ela mina justamente o que a segurança psicológica mais precisa: confiança, abertura e respeito às diferenças.

Em times polarizados, colaboradores evitam dar opiniões por receio de serem atacados ou mal interpretados, o que cria um cenário de silêncio, no qual as pessoas "pisam em ovos" - um sinal claro de insegurança psicológica. Além disso, a agressividade, mesmo que velada, gera afastamento, competição e isolamento entre colegas.

Obviamente, se um time não consegue lidar com diferentes pontos de vista, ele perde a capacidade de aprender em conjunto. Nesse caso, as pessoas deixam de construir coletivamente por medo de discordar ou por se sentirem excluídos.

Há também a possibilidade de a pessoa ser marginalizada por ter uma opinião impopular, por exemplo, levando-a à autocensura, o que também é o oposto da segurança psicológica.

Isso tudo enfraquece vínculos de confiança e cooperação.

Entre todos os papéis a serem assumidos pelo líder, existem esses dois: o de facilitador e o de mediador.

Facilitação e mediação são práticas distintas, embora ambas envolvam o papel de um terceiro (neutro ou imparcial) para ajudar grupos ou indivíduos a se comunicarem melhor, resolverem conflitos ou tomarem decisões. A diferença é simples:

- **Facilitador** é aquele que ajuda um grupo a se comunicar, colaborar e tomar decisões conjuntas. Nesse caso, o líder facilita o trabalho do grupo, ajudando-o a alcançar os resultados desejados. Diante dessa definição, podemos dizer que o "facilitar" está intrínseco em uma série de outros papéis desempenhados pelo líder.
- **Mediador** é aquele que intervém junto a uma ou mais pessoas para resolver um conflito. Nesse caso, o objetivo do líder é o de reconciliar as partes, incentivar a negociação e dissolver ou resolver impasses. Um papel bem mais difícil de ser desempenhado.

Imagine que você está tentando definir um plano de ação da sua área com a participação de todos os seus liderados. Durante a reunião, as pessoas demonstram ter ideias diferentes, mas não há um conflito intenso. Enquanto facilitador, você conduzirá a reunião, proporá dinâmicas, organizará o tempo de fala de cada um e ajudará o grupo a chegar a um consenso.

Agora, imagine duas pessoas da sua equipe em conflito porque pensam diferente e, consequentemente, decidem agir cada uma da sua maneira diante do mesmo trabalho. Você pode imaginar, também, uma briga entre dois dos seus liderados porque, em uma simples conversa, descobriram que têm opiniões políticas diferentes e, a partir daí, decidiram não mais se falar. Enquanto mediador, você escutará ambos os lados, criará um ambiente seguro para que eles possam colocar suas opiniões e conduzirá uma negociação que seja capaz de restaurar o relacionamento, firmando um acordo.

Resumindo, você promoverá uma facilitação quando o desafio for comunicação, alinhamento ou tomada de decisão em grupo. Em compensação, você terá um desafio bem maior quando precisar usar a mediação, porque estará diante de um conflito já instalado, com prejuízo nas relações ou no andamento do trabalho, o que é bem mais complexo.

Para que a sua atuação tanto como facilitador quanto mediador seja eficaz, sugiro que procure conhecer e estudar as técnicas relacionadas com cada um desses papéis, uma vez que isso o ajudará em situações diversas.

Em um dos capítulos anteriores, abordei o "blend geracional", defendendo a ideia de que as diferenças precisam ser geridas para que se tornem benéficas, tanto para a empresa quanto para as pessoas. O ideal é que o líder saiba facilitar e mediar de forma a promover um encontro fluido das diferenças, sejam elas quais forem.

Entenda que nem sempre é preciso evitar o conflito. Por vezes, é mais saudável transformá-lo em oportunidade de evolução coletiva.

Promover um encontro fluido das diferenças significa construir pontes onde antes havia barreiras – e isso só é possível quando se tem uma disposição genuína para entender tanto as divergências quanto as convergências.

Nesse cenário, as diferenças deixam de dividir e passam a impulsionar a criação de uma inteligência coletiva.

Afinal, sem um ambiente de segurança psicológica não há engajamento real.

MANTENHA-SE BEM INFORMADO E ATUALIZADO.

Diante de perguntas vindas da equipe, você terá que entregar respostas, mesmo quando não as tiver.

Manter-se bem-informado, especialmente sobre as questões relacionadas com a empresa, o negócio, o segmento de atuação da organização, o mercado e a economia, é fundamental, uma vez que o líder tem a responsabilidade de atuar como primeiro e principal canal de comunicação da empresa perante a sua equipe.

Em primeiro lugar, sugiro que você olhe para as perguntas como algo bom, ou seja, como uma oportunidade de desenvolvimento tanto para você quanto para a equipe. O filósofo grego Sócrates dizia: "Só sei que nada sei", uma frase que expressa a humildade no sentido de reconhecer a ignorância como ponto de partida para o verdadeiro saber – e é a partir da pergunta que essa jornada começa.

Em alguns momentos, você terá que buscar pela resposta. Em outros, mesmo buscando pela resposta, você não a encontrará, porque aquela decisão ainda não foi tomada, a iniciativa ainda não está pronta ou o fato ainda não aconteceu. Haverá momentos, também, em que você estará extremamente bem-informado e saberá o que responder, mas precisará organizar as informações antes de repassá-las para a equipe. Todas essas oportunidades são de desenvolvimento para o líder.

Vamos partir do pressuposto de que você esteja sempre muito

bem-informado sobre tudo o que acontece na empresa em que atua e em torno dela. Nesse cenário, sempre que você souber qual o posicionamento da organização diante de um assunto e se sentir apto e autorizado a compartilhá-lo, sugiro que faça isso, construindo a sua imagem de líder bem-informado, conectado com o negócio e porta-voz da empresa.

Todavia, quando desconhecer a resposta, não significa que deva se omitir. Ao contrário: é exatamente nesse momento que você terá a oportunidade de consolidar o seu papel como agente de informação.

UMA EMPRESA NÃO É OBRIGADA A TER TODAS AS RESPOSTAS.

Consequentemente, o líder também não. Ainda assim, acredito que para toda pergunta existe uma resposta, mesmo que dada por meio da expressão "não sei".

Assim como existem decisões que ainda não foram tomadas, há assuntos estratégicos que encontram-se sendo discutidos e não podem ser comunicados antes que a empresa chegue a uma conclusão.

Cabe ao líder responder de forma que as pessoas entendam a sua preocupação em dar um retorno efetivo. A seguir estão algumas formas de responder diante da ausência de um posicionamento:

- "Essa decisão ainda não foi tomada".
- "Esse assunto está sendo estudado".
- "Quando houver uma posição oficial da empresa, me comprometo informar a todos".

Essa última resposta, na minha opinião, é importantíssima, porque gera confiança e tranquilidade na equipe ao mesmo tempo em que trabalha a credibilidade do líder.

Manter-se atualizado não é mais uma vantagem competitiva, mas uma exigência básica para quem deseja influenciar positivamente a equipe, especialmente no que se refere ao desenvolvimento.

SOMENTE UM LÍDER ATUALIZADO
É CAPAZ DE DESENVOLVER A SUA EQUIPE.

Desenvolver pessoas é uma das funções mais essenciais e, ao mesmo tempo, mais negligenciadas pelo líder, na maioria das vezes, por falta de tempo. Contudo, liderar não é apenas influenciar a equipe para o alcance das metas e o cumprimento dos prazos – é também formar e capacitar talentos, focando no potencial de cada um.

O primeiro passo para você fomentar o desenvolvimento da equipe é estar altamente atualizado. Afinal, você tem que ser, antes de tudo, um modelo comportamental, o que significa jamais se acomodar. Se você quer uma equipe curiosa, criativa e em constante evolução, precisa ser o primeiro a se mover nessa direção.

Sabemos que desenvolver pessoas é mais trabalhoso do que apenas delegar tarefas, porém é o que diferencia um líder operacional de um líder transformador. Obviamente, não pretendo discorrer sobre formas de desenvolver a equipe, porque não disponho de conhecimento para isso. Quero apenas chamar a atenção para o fato de que o primeiro passo para desenvolver a equipe é o líder manter-se atualizado e os seus liderados perceberem isso.

Com isso, não estou me referindo apenas ao que diz respeito ao conhecimento técnico relacionado com a área em que atua, mas também quanto à Cultura geral. Essa necessidade está diretamente ligada à construção de autoridade e ao respeito intelectual que ela desperta. Isso acontece quando a equipe percebe que o líder:

- domina o que fala;
- conhece a empresa;

- entende o mercado;
- domina profundamente a sua área de trabalho;
- está por dentro das mudanças e inovações do segmento em que atua; e
- é uma referência técnica.

Destaco o conhecimento como um dos fatores decisivos para que o líder seja "seguido" pela sua equipe. Um líder atualizado tecnicamente demonstra domínio do seu campo de atuação. Isso transmite confiança à equipe e o distingue como alguém que pode orientar, solucionar problemas complexos e tomar decisões baseadas em dados e práticas modernas.

Imagine um líder de equipe em uma empresa de software. Se ele não estiver atualizado com linguagens de programação mais usadas, metodologias ágeis, IA e outras ferramentas, rapidamente se tornará obsoleto e dependerá totalmente da equipe técnica. Um líder que conhece essas ferramentas, ainda que superficialmente, consegue dialogar com a equipe, entender gargalos e propor soluções coerentes.

Já um líder que atua em uma instituição de saúde precisa conhecer as últimas diretrizes clínicas, os avanços em tratamentos e as inovações em equipamentos. Durante a pandemia da covid-19, por exemplo, os líderes que acompanharam as atualizações científicas sobre o assunto foram capazes de tomar decisões mais seguras e rápidas.

Quanto à Cultura geral que inclui política, economia, história, arte, comportamento humano e atualidades, o conhecimento permite que o líder tenha uma visão mais ampla do mundo, entenda melhor seus interlocutores e amplie sua capacidade de empatia.

Líderes que atuam em empresas globais, por exemplo, precisam conhecer aspectos culturais dos países com os quais interagem.

Um gestor que entende a importância do "face saving" (salvar a face) na Cultura asiática, por exemplo, será mais bem-sucedido em negociações com empresas japonesas ou chinesas. O conceito de "face saving" é profundamente enraizado em países como China, Japão e Coreia, e representa a ideia de preservar a dignidade, a honra e a reputação pessoal ou alheia em contextos sociais e profissionais.

A Cultura geral também ajuda o líder a se comunicar de forma mais rica e engajadora. Um líder que faz referências bem colocadas à literatura, ao cinema ou a eventos históricos pode inspirar e conectar-se com a equipe de forma mais eficaz.

Para complementar, o líder ter uma Cultura geral consistente é muito importante em função da velocidade das mudanças com as quais tem que conviver. A tecnologia, a economia e o comportamento social mudam constantemente. Nesse caso, um líder desatualizado se torna rapidamente irrelevante.

Dentro do mesmo contexto de mudanças, lembre-se que os problemas organizacionais são e estão cada vez mais interdisciplinares. E para enfrentá-los, é necessário conectar diferentes áreas do saber.

Por fim, vale ressaltar que os representantes das Gerações Y e Z querem ser liderados por profissionais que aprendem, evoluem e demonstram interesse pelo mundo.

ESTEJA NAS REDES SOCIAIS.

Desde o início deste livro, estou falando sobre o ato de influenciar, um verbo que carrega o poder de causar impacto, provocar mudanças e moldar opiniões, e que está diretamente associado ao universo das redes sociais.

Sabemos que, nas últimas décadas, essas plataformas digitais deixaram de ser meros espaços de entretenimento e interação para se tornarem ferramentas poderosas de comunicação social, Marketing, mobilização humana e construção de identidades.

As redes sociais potencializam a influência ao permitir que indivíduos – antes anônimos –, atinjam milhares ou até milhões de pessoas com uma única publicação. Influenciar, nesse contexto, vai muito além da promoção de produtos ou serviços: envolve comportamentos, hábitos de consumo, opiniões políticas, causas sociais e até padrões estéticos.

A lógica algorítmica dessas plataformas, por sua vez, contribui para ampliar ou restringir o alcance de determinadas vozes, o que reforça o papel central que exercem na formação da opinião pública contemporânea.

Além disso, as redes sociais democratizaram a produção e a disseminação de conteúdo, permitindo que qualquer pessoa com acesso à internet possa exercer algum grau de influência. Isso redefiniu conceitos tradicionais de autoridade e visibilidade, tornando o ato de influenciar algo descentralizado e em constante transformação.

Por conseguinte, compreender a dinâmica das redes sociais é fundamental para entender como o verbo influenciar se manifesta no século XXI. Por outro lado, ignorar sua relevância é desconsiderar um dos principais meios de comunicação e persuasão da atualidade, capaz de moldar comportamentos coletivos e provocar mudanças significativas na sociedade.

Sim, você deve estar nas redes sociais, porque um líder que as ignora está desconectado da realidade atual. Já um líder presente no ambiente digital, mesmo que de forma pontual, demonstra estar atualizado e ter visão de futuro e capacidade de comunicação.

Além disso, ao interagir nas redes sociais, o líder deixa-se conhecer pela sua equipe e tem a oportunidade de também conhecê-la melhor. Afinal, elas se tornaram o grande canal para externarmos os nossos gostos, nossas vivências e nossos desejos, além de muitos outros fatores que nos definem como indivíduo.

Enquanto líder, a sua presença nas redes sociais, mesmo que discreta, contribuirá fortemente para a construção da autoridade comentada em um dos itens anteriores e, principalmente, da sua credibilidade como profissional, mostrando-o atualizado, acessível e presente no mercado.

Além disso, compartilhar ideias, insights, aprendizados e, até mesmo, resultados do seu trabalho – com a autorização da empresa – é uma forma de se aproximar ainda mais da sua equipe. Estar no LinkedIn, por exemplo, o aproximará não só de colaboradores atuais, mas também dos potenciais. Com isso, você ajudará a empresa a atrair profissionais que se identifiquem com a sua Cultura.

As redes sociais servem, também, para que você mostre o seu lado mais pessoal, transparente e reflexivo, tornando-o mais humano e acessível aos olhos da sua equipe e dos seus colegas de liderança.

O LinkedIn, em especial, oferece um ambiente mais profissional e controlado para a presença digital de um líder, sendo o mínimo recomendável no mundo atual.

Ao longo da minha vida como líder, escolhi duas redes sociais para estar: Instagram e LinkedIn. No Instagram, misturo assuntos profissionais com pessoais. Assim como publico conteúdo sobre Comunicação Interna e Endomarketing e comento sobre as atividades da Happy, compartilho o meu dia a dia como pessoa que tem uma família, lê, assiste filmes e séries, viaja, escreve poesia, toca piano, dança, entre outras atividades. Já no LinkedIn, publico apenas conteúdo profissional.

Hoje, embora fora da gestão e da operação da empresa que criei, procuro ter o mesmo posicionamento e a mesma presença nas redes sociais de quando estava à frente da agência. Acredito que, com isso, ajudo a Happy a se posicionar como inovadora, transparente e conectada, uma vez que as minhas publicações sobre ela são uma representação do seu propósito e dos seus valores.

Porém, a presença do líder nas redes sociais não é importante apenas para a sua imagem. Temos que levar em consideração que

OS LÍDERES SÃO PORTA-VOZES FORMAIS E INFORMAIS DA ORGANIZAÇÃO.

O que eles compartilham, como se comunicam e os temas que valorizam refletem diretamente a Cultura da empresa.

Quando um líder fala sobre inovação, inclusão, bem-estar, diversidade e outros temas da atualidade, entendemos que isso faz parte da Cultura no qual ele está inserido. No entanto, se as publicações forem frias, engessadas ou inexistentes, é possível imaginar um ambiente interno bastante negativo.

Como já vimos no primeiro capítulo deste livro, toda empresa pode ter uma "Cultura oficial" descrita em um painel ou site institucional, e uma "Cultura vivida", aquela que de fato acontece no dia a dia. Aquilo que os líderes publicam nas redes sociais, geralmente, representa a cultura vivida. Portanto, é preciso ter cuidado com o conteúdo, sempre pensando no impacto que terá na imagem externa da empresa.

O estudo da EveryoneSocial/Hootsuite (2024) – Executives on Social Media, mostra o quanto as pessoas valorizam a presença dos seus líderes nas redes sociais. Veja os dados:

- 93% dos entrevistados acreditam que a presença de Diretores nas redes sociais ajuda a comunicar os valores da organização, a moldar sua reputação e a reforçar a liderança em momentos de crise.
- 76% dos executivos seniores entrevistados afirmam que a

presença da alta liderança nas redes sociais traz mais credibilidade à marca.

- Empresas que têm líderes ativos nas redes sociais são percebidas cerca de 23% mais positivamente do que aquelas cujos líderes não têm esse tipo de participação.
- 43% dos líderes ativos dizem ser vistos como inspiradores, frente a apenas 26% daqueles que não usam as redes.

Atualmente, profissionais que desejam crescer em suas carreiras têm por hábito acompanhar o Chief Executive Officer (CEO) de grandes empresas nas redes sociais. Seguir grandes líderes e profissionais considerados referência nas áreas em que atuam permite que um profissional se sinta mais preparado para a tomada de decisões tanto na vida pessoal quanto profissional. Isso é, portanto, algo que você, líder, pode começar a fazer.

E AS REDES SOCIAIS INTERNAS?

Tudo o que escrevi sobre a importância da presença do líder nas redes sociais serve, também, para as redes colaborativas, também chamadas de redes sociais internas, um canal, hoje, muito comum nas empresas que têm centenas ou milhares de empregados.

As redes sociais internas são plataformas de comunicação digital voltadas exclusivamente para os colaboradores de uma organização. Elas funcionam como versões corporativas de redes sociais públicas (como Instagram, Facebook ou LinkedIn), mas com foco na troca de informações, experiências, colaboração, engajamento e representação da Cultura Organizacional.

As redes sociais internas existem, principalmente, para que a Comunicação Interna não seja uma via de mão única dentro da empresa. Ela deve ser viva, horizontal e centrada no colaborador como protagonista. Como especialista em Comunicação Interna, costumo dizer que as redes sociais internas somente dão certo quando contam com a presença ativa das lideranças da empresa. Acredito, realmente, que é a participação dos líderes que dá sustentação e credibilidade para esse tipo de canal interativo.

Líderes ativos nas redes sociais internas são aqueles que têm consciência da importância dos quatro pilares da comunicação líder-equipe:

- Informação.
- Integração.
- Reconhecimento.
- Celebração.

Há muito tempo defendo a ideia de que um líder que informa, integra, reconhece e celebra, terá uma equipe engajada. Um canal colaborativo é um ótimo veículo para isso.

Quando os líderes entendem essa dinâmica e usam as redes sociais internas a favor da sua imagem como representantes diretos da Cultura da empresa, passam a ser vistos como altamente inspiradores.

Ao mesmo tempo, quando ideias são compartilhadas com abertura e propósito, as pessoas se engajam de verdade. Elas se sentem parte de algo maior, porque contribuem com sua visão de mundo. O "novo poder", que é o do compartilhamento, valoriza essa cocriação, em que cada ideia, por menor que pareça, pode gerar transformação.

Portanto, esteja nas redes sociais externas e interna. Porém, tome cuidado para não postar qualquer informação, apenas aquilo que realmente importa e que produzirá algum efeito em nível de informação e aprendizado. Refiro-me a compartilhar com intenção para gerar valor.

SEJA AUTÊNTICO.

Recentemente, contratei uma mentoria para melhorar a minha performance nas redes sociais. A minha autoanálise foi: produzo conteúdo para publicar, tenho uma agência para criar materiais (cards, vídeos e outros instrumentos) de qualidade, porém me sinto pouco natural, além de ter uma certa vergonha na hora de publicar. Sinto-me como se estivesse me exibindo. O meu problema não é gravar o vídeo, e sim postá-lo.

Ao mesmo tempo, tenho a consciência de que, como especialista em Comunicação Interna e Endomarketing, escritora, palestrante e fundadora de uma agência especializada nesse assunto, devo ter uma presença ativa nas redes sociais, pelo simples fato de que isso beneficia a empresa. Esse foi o motivo que me fez buscar a ajuda de um profissional.

Já no primeiro encontro, cheguei à conclusão de que o meu problema era autenticidade, ou seja, eu tinha uma preocupação excessiva com a minha imagem – tanto intelectual quanto física – ao ponto de revisar muitas vezes um mesmo texto, sempre achando que não estava bom o suficiente para ser postado, assim como queria que todos os fios do meu cabelo estivessem no lugar ao gravar um vídeo.

Foram necessárias várias conversas para que eu me convencesse da importância de ser eu mesma e que isso é que geraria interesse e engajamento por parte dos meus seguidores.

A realidade mostra as redes sociais cheias de filtros, "vidas perfeitas" e discursos ensaiados. Quando alguém compartilha algo verdadeiro, demonstra espontaneidade, sinceridade e até mesmo vulnerabilidade, criando uma identificação imediata.

Publicações que carregam emoção verdadeira, alegria, frustração, entusiasmo, gratidão e vulnerabilidade, ativam conexões humanas profundas.

EMOÇÕES GENUÍNAS GERAM EMPATIA, COMENTÁRIOS, COMPARTILHAMENTOS E REFLEXÕES.

A valorização da autenticidade reflete uma mudança importante na forma como nos comunicamos e nos conectamos hoje, não apenas no ambiente digital. Em um mundo saturado de conteúdo, onde milhares de pessoas e marcas competem por atenção, o que realmente se destaca é aquilo que soa genuíno, humano e verdadeiro.

Isso serve para o dia a dia do líder junto à sua equipe e, principalmente, para o ato de influenciar, porque as pessoas se conectam cada vez mais com aquilo que é real. Aqui entra um desafio importante para o líder: mostrar que os valores da empresa são reais e podem ser experienciados verdadeiramente na sua área.

Autenticidade gera, acima de tudo, confiança. As pessoas tendem a confiar mais em quem mostra coerência entre o que fala, vive e compartilha. Isso não vale apenas para marcas, mas especialmente para indivíduos.

QUANDO SOMOS AUTÊNTICOS, MOSTRAMOS CONSISTÊNCIA. ISSO CONSTRÓI REPUTAÇÃO E CREDIBILIDADE.

Você certamente conhece pessoas que demonstram autenticidade de forma genuína e as admira. Isso acontece porque é mais fácil gostarmos das pessoas que mostram o seu lado humano e, com isso, se destacam das demais.

Quando estiver começando uma reunião com o seu time, experimente contar algo pessoal e você verá que as pessoas se conectarão imediatamente com a sua fala. Exemplo: conte uma situação na qual você teve a oportunidade de praticar um determinado valor da empresa e, por alguma questão, deixou de fazê-lo, arrependendo-se disso.

Ao compartilhar essa situação em que agiu como não deveria,

porém se deu conta rapidamente disso, você demonstrará autenticidade e, ao mesmo tempo, trará um ensinamento para a equipe. Além disso, você deixará claro que também tem vulnerabilidades.

Isso é ser autêntico e verdadeiro.

ENTENDA E ACEITE AS SUAS VULNERABILIDADES.

Hoje, muitas empresas têm como valor a humanização, representada por meio de frases como estas:

- Pessoas em primeiro lugar.
- Gente é tudo para gente.
- Sem pessoas, nada somos.
- Pessoas acima de tudo.
- Somos gente que gosta de gente.

Obviamente, a frase que define o valor não carrega necessariamente a palavra "humanização", mas podemos dizer que as organizações, de uma forma geral, estão colocando o ser humano no centro das suas relações, suas decisões e seus processos. Refiro-me às relações estabelecidas com clientes, colaboradores, fornecedores, parceiros e sociedade em geral.

Em uma visão bem simples, humanizar significa tratar as pessoas como pessoas, não como números, máquinas ou meros recursos. É um valor do qual decorrem outros valores, como ética e diversidade.

Dentro desse conceito de humanização surgiu, nos últimos tempos, uma preocupação das empresas com a segurança psicológica. As organizações que ainda não haviam despertado para isso, foram surpreendidas em agosto de 2024 pela Portaria do Ministério do Trabalho e Emprego (MTE) nº 1.419, de 27 de agosto de 2024, que revisou a Norma Regulamentadora nº 1 (NR-1) e passou a exigir que, a partir de 26 de maio de 2025, todas as empresas brasileiras incorporem a avaliação, a gestão e o controle dos riscos psicossociais em seus Programas de Gerenciamento de Riscos (PGR).

Como riscos psicossociais podemos entender:

- excesso de metas ou cobrança abusiva;
- jornadas exaustivas;
- assédio moral ou sexual;
- falta de suporte e autonomia; e
- clima organizacional tóxico ou conflito interpessoal.

A partir dessa revisão, as empresas precisam mapear e avaliar ativamente esses riscos em todos os níveis corporativos, adotando ações preventivas e corretivas como reorganização do trabalho, novos canais de escuta, treinamentos e suporte emocional.

É dentro dos valores que envolvem uma maior humanização e segurança psicológica que o conceito de vulnerabilidade passou a ser falado no ambiente corporativo.

A palavra vulnerabilidade pode ter significados diferentes dependendo do contexto. Entretanto, de uma forma geral, ela se refere à condição de estar exposto a riscos, danos ou influências negativas. Na tecnologia, por exemplo, vulnerabilidade é uma falha ou fraqueza em um sistema que pode ser atacada para causar danos, acessar informações confidenciais ou comprometer o funcionamento do sistema.

NO CONTEXTO HUMANO, VULNERABILIDADE É A CAPACIDADE DE SER FERIDO FÍSICA, EMOCIONAL OU PSICOLOGICAMENTE.

É um conceito que reflete a abertura para se mostrar real, admitir medos, fraquezas ou necessidades.

Já no campo da Psicologia, a vulnerabilidade pode ser um sinal de coragem e autenticidade. É dessa forma que as empresas mais evoluídas estão pensando e agindo: não é porque um profissional exerce um cargo de liderança que não pode demonstrar como se sente diante de um fato.

Certa vez, quando atuava na área de Planejamento da Happy, cheguei em um cliente para realizar um diagnóstico no exato momento em que havia acontecido um acidente de trabalho com morte. O líder da área estava chorando. Diante disso, percebi algumas pessoas comentando algo como: "em vez de chorar, ele deveria estar consolando a equipe". Naquele momento, o líder não estava sendo visto como um ser humano que tem sentimentos e o direito de expressá-los como qualquer outro.

Nos últimos tempos, tenho visto as empresas aceitando e convivendo com as vulnerabilidades do líder, o que representa uma mudança significativa na forma como a liderança é compreendida e praticada no mundo contemporâneo. Tradicionalmente, líderes eram vistos como figuras infalíveis, invulneráveis e sempre certas, um modelo que está sendo substituído por outro mais humano, autêntico e emocionalmente inteligente.

Entender as próprias vulnerabilidades significa ter autoconsciência, ou seja, conhecer suas próprias limitações, inseguranças e medos.

Um líder autoconsciente é capaz de:

- reconhecer quando precisa de ajuda;
- admitir que não tem todas as respostas;
- refletir sobre seus erros e aprender com eles; e
- ter empatia com as dificuldades dos outros, por reconhecer as suas próprias.

Essa compreensão é um sinal de maturidade emocional e

intelectual. Quando você realmente se conhece, transmite autenticidade e, com isso, passa a inspirar confiança.

Aceitar as vulnerabilidades é o passo seguinte. Refiro-me ao reconhecimento de que elas fazem parte da experiência humana e não precisam ser escondidas ou negadas.

Isso não significa assumir uma postura fraca ou permissiva, mas cultivar coragem para ser verdadeiro. Trata-se de uma aceitação que pode gerar uma série de efeitos positivos, porém acredito que o mais importante é o fato de reduzir o perfeccionismo tóxico, porque ajuda a aliviar a pressão por perfeição constante, que muitas vezes paralisa a inovação.

A pesquisadora Brené Brown, referência no estudo sobre vulnerabilidade, afirma que "vulnerabilidade não é fraqueza, é coragem".

Vulnerabilidade é, na verdade, uma representação muito forte de autenticidade. Portanto, entenda e aceite suas vulnerabilidades, influenciando a sua equipe de forma verdadeira e criando um ambiente mais saudável em torno de si.

Entenda que a vulnerabilidade não é o oposto de liderança eficaz. Vulnerabilidade é, na verdade, uma representação muito forte de autenticidade.

E assim, todos os assuntos que compõem a paisagem do posicionamento neste livro se complementam.

PAISAGEM DA ESCUTA

A COMUNICAÇÃO COMEÇA NA ESCUTA.

Você já parou para refletir sobre essa frase? Em tempos de excesso de informação, nada é mais importante do que saber escutar e, principalmente, estar disponível para fazê-lo.

Aqui, quero chamar a sua atenção para o fato de que a influência pode começar de forma silenciosa, ou seja, por meio da escuta.

Muitas pessoas associam influência apenas à capacidade de falar bem, argumentar com firmeza ou convencer alguém com boas ideias. Isso é importante, mas não é tudo quando o propósito é influenciar positivamente.

Antes de tentar inspirar, orientar ou engajar seus liderados, é crucial que você dedique tempo e atenção para compreender o que cada pessoa sente, pensa e valoriza. Saiba que escutar é o primeiro passo para criar conexão e confiança – elementos indispensáveis para qualquer tipo de influência.

Enquanto prática essencial da comunicação humana, a escuta foi profundamente impactada pelas redes sociais e pela comunicação digital. Em um mundo hiperconectado, no qual as mensagens circulam em alta velocidade e a atenção é constantemente fragmentada, escutar de forma plena e genuína tornou-se um desafio e, ao mesmo tempo, uma competência rara e poderosa.

EXISTEM PESSOAS QUE ESTÃO PREOCUPADAS APENAS EM FALAR, NÃO EM ESCUTAR.

Para elas, pouco importa o que os outros estão dizendo. São pessoas que se preocupam apenas com a própria fala e com a sua necessidade de se expressar. O objetivo final não é comunicar e, sim, o de se afirmar. Nesse caso, a conversa não é vista como uma troca, mas como um palco. O diálogo se transforma em um monólogo e os interlocutores viram plateia.

Pessoas assim costumam interromper o outro constantemente, desviando o assunto para si mesmas ou até ignorando completamente o que acabou de ser dito pelo interlocutor. Exemplo: ao ouvir alguém comentar que teve um dia difícil, respondem não com empatia, mas dizendo algo como: "Você acha que o seu dia foi ruim? Você precisava ver o que aconteceu comigo".

Essa postura revela uma escuta egocêntrica, na qual não há real interesse pelo outro. É um comportamento que compromete profundamente a qualidade da comunicação. Além disso, pode ser muito prejudicial nos ambientes profissional e familiar. Em uma reunião de trabalho, por exemplo, uma pessoa que monopoliza a fala pode inibir seus colegas a darem ideias, atrapalhar a colaboração e gerar ressentimentos. No convívio familiar, pode criar distanciamento emocional, fazendo com que os demais se sintam desvalorizados ou ignorados.

Escutar é mais do que ficar em silêncio enquanto a outra pessoa fala, é se abrir para o que o outro tem a dizer. Não é por acaso que, em uma sociedade marcada pela velocidade, distrações constantes e culto à autoexpressão, a escuta esteja se tornando uma virtude cada vez mais rara e necessária.

EXISTEM PESSOAS QUE NÃO ESCUTAM COM O OBJETIVO DE ENTENDER, E SIM DE REBATER.

Por rebater, entenda discordar, questionar ou duvidar. Essa dinâmica, reforçada pela polarização das opiniões e respostas rápidas, dificulta e desfavorece o diálogo.

EXISTEM PESSOAS QUE NÃO VEEM A HORA E COMEÇAR A FALAR.

São pessoas que, em vez de escutar com atenção e profundidade, apenas aguardam ansiosamente a sua vez de falar. Durante a fala do outro, demonstram aparente atenção por meio de expressões repetitivas como "é, é, é..." ou "sim, sim, sim...", mas, na realidade, esses sons não indicam escuta ativa – são apenas ruídos de espera.

Enquanto emitem essas palavras automáticas, a mente da pessoa não está voltada para o conteúdo da conversa, mas ocupada com a formulação da própria resposta. Ela já está ensaiando o que irá dizer assim que o outro fizer uma pausa. Com isso, perde nuances importantes da fala do interlocutor, como emoções, dúvidas ou intenções implícitas. Essa postura, mesmo que inconsciente, revela desinteresse ou desvalorização do outro.

Imagine alguém contando sobre uma perda pessoal ou uma dificuldade emocional. Quando a outra pessoa não escuta verdadeiramente e apenas espera para falar, é comum dizer algo como: "Ah, entendo, mas sabe o que eu penso?" – e então começa a relatar a sua análise, desviando completamente o foco da conversa para si. Nessa situação, a pessoa que precisava ser ouvida se sente ignorada, desrespeitada ou até invisível.

Esse tipo de comportamento é mais comum do que se imagina, principalmente em ambientes nos quais a escuta não é cultivada como uma virtude. Em muitos círculos sociais, o "saber falar bem" é valorizado, mas pouco se diz sobre a importância de saber escutar com empatia, presença e humildade.

EXISTEM PESSOAS QUE NÃO PRESTAM ATENÇÃO NO OUTRO.

Quantas vezes, no ambiente de trabalho, paramos na frente de uma pessoa para falar com ela e, em vez de recebermos atenção, vemos que ela continua digitando no computador, mexendo no celular ou respondendo e-mails, sem sequer levantar os olhos? Isso é muito comum e profundamente desrespeitoso. É como se a presença do outro fosse apenas um ruído de fundo em meio às tarefas.

Quando liderei a área de Comunicação de uma grande instituição, tive um líder que, sempre que eu entrava na sua sala para tratar de um assunto importante, ele desviava o olhar para a janela ou para um quadro grande pendurado na parede. Mesmo quando eu falava sobre metas, dificuldades da equipe ou decisões urgentes, ele não estabelecia contato visual comigo. Eu saía da sala com a sensação de que as minhas palavras não tinham sido absorvidas. E o pior: com o tempo, perdi a motivação de procurá-lo, porque entendi - consciente ou inconscientemente - que ele não me escutava de verdade.

Mais tarde, já como consultora, representando a área de Planejamento da Happy, houve uma ocasião em que apresentei um diagnóstico de necessidades de Comunicação Interna para três sócios-diretores de uma empresa enquanto todos estavam com os seus computadores abertos sobre a mesa, respondendo e-mails. Naquele momento, eu estava entregando informações valiosas sobre a empresa deles, para o que haviam contratado a nossa agência - e, mesmo assim, eles optaram por não prestar atenção.

Esse tipo de comportamento, embora muitas vezes disfarçado de "foco em múltiplas tarefas", mina a comunicação, abala a confiança e enfraquece o vínculo entre colegas, lideranças e liderados. Afinal, quem sente que não está sendo ouvido tende a se retrair, a não colaborar plenamente, ou até a carregar frustrações silenciosas que prejudicam a produtividade e o clima organizacional.

VER NÃO É OLHAR E OUVIR NÃO É ESCUTAR.

Criei esse jogo de palavras para usar nas palestras que realizo e então chamar a atenção dos líderes para o fato de que ver não é olhar e ouvir não é escutar.

OLHAR É VER COM ATENÇÃO.
ESCUTAR É OUVIR COM ATENÇÃO.

Ver é um ato involuntário, automático e ligado ao sentido da visão, enquanto olhar é um ato voluntário e intencional, que envolve foco e atenção. Da mesma forma, ouvir é fisiológico e involuntário, enquanto escutar depende da nossa vontade, ou seja, envolve atenção e interpretação.

Uso essas duas frases: "olhar é ver com atenção" e "escutar é ouvir com atenção", juntas, para afirmar que para escutar também é preciso olhar.

Não basta apenas estar no mesmo ambiente, acenar com a cabeça ou emitir sons como "aham" ou "entendi". Isso é ouvir com os ouvidos – escutar pressupõe usar os olhos, a mente e o coração.

Quando um líder olha para quem fala, ele transmite:

- atenção plena (estou aqui com você);
- respeito (o que você diz importa); e
- acolhimento (sua fala tem espaço).

Em contrapartida, quando um líder continua digitando, mexendo no celular ou desviando o olhar enquanto um colaborador fala, mesmo que "ouça" as palavras, ele comunica o oposto: desinteresse, impaciência e distanciamento.

Um líder está escutando, de fato, quando o seu liderado sente que pode falar sem pressa e sem medo, porque as suas palavras estão sendo captadas com atenção e interesse.

Durante uma reunião, quando um colaborador dá uma sugestão e o líder responde "boa ideia", olhando para o celular, o seu desinteresse é totalmente evidente. Entretanto, se o líder olha para o colaborador, escuta a ideia com atenção e responde com base no que foi dito, está demonstrando presença, escuta e atenção não apenas em relação a quem falou, mas à equipe como um todo.

ASSIM COMO A COMUNICAÇÃO COMEÇA NA ESCUTA, A ESCUTA COMEÇA NO OLHAR.

Em tempos de distração constante, oferecer atenção genuína é um dos maiores gestos de respeito e humanidade que um líder pode ter. Com base nesse entendimento é que surgiram os estudos sobre a escuta ativa, considerada a habilidade de ouvir com a intenção de compreender profundamente o que o outro está dizendo, tanto em palavras quanto em emoções.

A escuta ativa vai muito além de simplesmente "ouvir": é um processo, acima de tudo, empático, uma vez que nos coloca no lugar da pessoa que estamos escutando.

Há quem diga que a escuta ativa nada mais é do que escutar com os ouvidos, com os olhos e com o coração.

Isso carrega uma importância extrema, porque o ser humano tem uma enorme dificuldade de nomear aquilo que está sentindo, o que se chama "incapacidade socioemocional". Segundo a Psicologia, somente depois de nomear é que conseguimos reagir a um determinado sentimento ou sofrimento.

As principais características da escuta ativa são:

- atenção ao outro, sem o uso do celular, interrupções ou distrações;
- contato visual e linguagem corporal aberta, porque também escutamos com o corpo. É quando temos uma postura receptiva, expressões faciais e gestos adequados que demonstram o nosso interesse;
- interesse genuíno pelo que está sendo dito, o que significa escutar para entender, mais do que para responder;
- perguntas de aprofundamento, mostrando que estamos acompanhando aquilo que é dito e querendo saber mais sobre o assunto;

- reformulação ou parafraseamento, que significa repetir com as nossas palavras aquilo que escutamos, confirmando se realmente compreendemos;
- ausência de julgamentos imediatos, que é quando acolhemos a fala, sem dar a nossa opinião, corrigir ou nos defendermos; e
- escuta do que não é dito, porque o tom da voz, as pausas, as hesitações e a linguagem corporal também comunicam.

Veja quantos fatores compõem uma escuta ativa, o que traz inúmeros benefícios para a relação líder-liderado. A escuta ativa fortalece a relação profissional, evita mal-entendidos, aumenta a empatia e a confiança, e fortalece a imagem do líder como comunicador.

Quando um colaborador relata um problema, cabe ao líder interromper o que está fazendo, olhar nos olhos da pessoa, escutar até o final o que ela tem a dizer, perguntar como ela se sente ou se sentiu naquela situação e, somente depois, responder com base no que foi escutado.

PERGUNTE, PERGUNTE E PERGUNTE...

Quanto ao ato de perguntar, sugiro que você veja isso como uma ferramenta fundamental da escuta ativa e de qualquer tipo de comunicação profissional. Fazer perguntas com intenção, sensibilidade e curiosidade genuína é um dos atos mais importantes dentro da escuta ativa.

Acredite, perguntas bem colocadas ajudam a ir além da superfície e alcançar o que realmente importa. Muitas vezes, as pessoas não dizem tudo logo de início. Ao contrário, é mais comum que as pessoas revelem o que desejam dizer, na sua totalidade, à medida que se sentem seguras e, principalmente, a partir do interesse de quem está escutando.

Ser escutado é bom. Ser convidado a falar mais, por meio de perguntas respeitosas, é ainda melhor.

Isso mostra que a fala do outro importa, o que gera confiança e conexão. Quando um líder pergunta com atenção, ele está criando um ambiente de segurança psicológica na sua área.

Porém, é importante levar em consideração que existem perguntas que julgam, pressionam e bloqueiam, assim como existem perguntas que acolhem, abrem espaço e incentivam a pessoa a falar.

Recomendo que, para praticar uma verdadeira escuta ativa, você utilize sempre perguntas que provoquem reações positivas na pessoa com a qual estiver falando.

A empatia é um dos pilares fundamentais da escuta ativa, e vai além de apenas escutar as palavras de alguém. Ela representa a capacidade de:

- se colocar no lugar do outro;
- sentir o outro;
- sentir com o outro; e
- perceber o mundo sob a sua ótica.

Diferentemente da simpatia (que é mais superficial e relacionada ao sentimento de compaixão), a empatia exige profunda conexão emocional e compreensão genuína.

Existem, basicamente, três tipos de empatia:

- **Empatia cognitiva** – entender intelectualmente o que o outro sente ou pensa.
- **Empatia emocional** – sentir, de certa forma e na medida do possível, o que o outro está sentindo.
- **Empatia compassiva** – além de entender e sentir, envolver-se para ajudar.

A empatia, quando presente na escuta ativa, se torna uma poderosa ferramenta de liderança. Em uma época de total aceleração e individualidade, praticar a empatia quando diante de um colaborador é um ato de absoluta humanidade. É ouvir com o coração, acolher sem invadir e compreender sem necessariamente concordar.

Convém lembrar que o preconceito dificulta qualquer processo de escuta, influência ou comunicação, e que

O ACOLHIMENTO É O PRIMEIRO
PASSO PARA A INCLUSÃO.

Mais do que isso, o acolhimento é a manifestação prática da empatia. Ele se traduz em gestos concretos como escutar com atenção e respeitar as diferenças, além de adaptar ambientes e atitudes para tornar a convivência possível e justa para todos.

Muitas vezes, o líder acredita que, ao escutar um colaborador e tomar conhecimento de suas expectativas ou reivindicações, automaticamente assumirá mais uma demanda ou responsabilidade. Por esse motivo, tende a evitar esse tipo de conversa sempre que possível. No entanto, no exercício da liderança, escutar não significa concordar, aceitar ou fazer o que foi solicitado.

Acredite, o papel do líder não é atender prontamente a todas as sugestões ou pedidos dos liderados. Na maioria das vezes, o que o colaborador realmente busca é ser escutado com atenção e empatia. Uma escuta ativa e genuína, por si só, já é suficiente para que a pessoa se sinta acolhida e respeitada.

Com isso, cria-se um contexto favorável para que um "não necessário" seja dito pelo líder e aceito pelo colaborador. Mesmo que o retorno do líder seja negativo, o simples fato de o colaborador ter se sentido valorizado e compreendido torna a experiência positiva.

Costumo dizer que uma boa conversa com um "não" ainda é uma boa conversa. Mas uma má conversa, mesmo com um "não" justificado, pode se tornar uma experiência negativa e difícil de esquecer.

Praticar a escuta ativa, colocando-se no lugar do colaborador, é um exercício diário de liderança que transforma tanto quem oferece (líder) quanto quem recebe (colaborador).

Mais do que isso, a escuta ativa é um presente que damos ao outro e, também, a nós mesmos.

Sobre isso, o maestro alemão Kurt Masur, já citado, dizia: "Em primeiro lugar, a orquestra deve sentir que você a escuta".

PAISAGEM DA EXPRESSÃO

Ao se deparar com esta nova paisagem, você deve estar pensando "mas a escuta não é uma forma de expressão? Então por que foi colocada no subcapítulo anterior, e não neste?". A resposta é: sim, a escuta é uma das formas mais consistentes de expressão – a primeira delas, conforme acabei de defender. Porém, pela sua importância, optei por dedicar o capítulo anterior somente a ela.

Agora, quero falar sobre o ato de se expressar por meio da palavra e da postura como algo essencial na vida de um líder, porque o exercício da liderança está diretamente ligado à comunicação.

UM LÍDER QUE NÃO SE EXPRESSA ADEQUADAMENTE NUNCA SERÁ UM INFLUENCIADOR.

Expressar-se bem é o que permite a um líder transmitir a Cultura da organização, conectando-a com a estratégia.

Afinal, é decisivo que as pessoas entendam as crenças da empresa na qual trabalham, para onde ela está indo e o porquê da direção proposta. A clareza com que o líder comunica essas ideias é o que alinha os esforços do grupo e fortalece o senso de propósito coletivo.

Sabemos que a influência acontece pelo exemplo. Este, por sua vez, acontece a partir da palavra e da postura do líder. Essa é uma das conexões mais profundas e decisivas que existem para um bom ambiente organizacional: a coerência entre o que se diz e o que se faz.

Acredite, a palavra, por si só, não basta. Ela precisa ser pensada e muito bem usada. O que quero dizer é que a palavra de um líder tem um poder muito maior do que você imagina. Ao falar com a sua equipe, você tem a oportunidade de:

- definir expectativas;
- apontar caminhos;
- transmitir valores; e
- dar significado às ações do grupo.

Entretanto, se a palavra não for sustentada por ações coerentes, perderá totalmente o seu valor.

A POSTURA COMPLEMENTA E JUSTIFICA A PALAVRA.

A postura física, emocional e ética de um líder é uma linguagem silenciosa, mas extremamente poderosa. Ela complementa e justifica a palavra. A forma como o líder reage a pressões, trata os membros da equipe, toma decisões difíceis e lida com seus próprios erros diz muito mais do que um belo discurso. A postura de um líder é capaz de representar valores importantíssimos, como integridade, resiliência, empatia e justiça.

O exemplo do líder modela comportamentos. Quando o líder age com responsabilidade, compromisso e respeito, esses comportamentos tendem a ser replicados pela equipe. Ele se torna, portanto, um "espelho moral" para o grupo.

Você verá que, a partir desta parte do livro, o que abordarei estará relacionado ao poder do exemplo. Acredito realmente que o padrão de comportamento esperado pela empresa pode e deve ser alcançado por meio da palavra e da postura do líder. Queiramos ou não, tudo que o líder faz pode se tornar referência para o grupo – uma referência que pode ser negativa (tóxica) ou positiva (inspiradora).

Assim, decidi dividir este capítulo em duas partes específicas, o poder da palavra e o poder da postura, dois pilares essenciais e complementares da comunicação de um líder.

A comunicação verbal é a principal forma de expressão de um líder no dia a dia de trabalho. Além disso, palavras bem escolhidas têm o poder de mobilizar pessoas em torno de um propósito. Esse é o motivo pelo qual me proponho a aprofundar os aspectos da liderança relacionados à linguagem, à oratória e ao conteúdo.

Já a postura revela o caráter e a autenticidade do líder, repercutindo, por vezes, bem mais alto do que a palavra, especialmente na comunicação da Cultura. Por isso, também pretendo abordar seus principais aspectos.

Ao dividir este capítulo entre palavra e postura, quero mostrar a complementaridade que existe entre se expressar adequadamente e agir com propósito e coerência.

O PODER DA PALAVRA

A PALAVRA É A BASE PARA TODO E QUALQUER RELACIONAMENTO.

Essa é uma verdade essencial sobre a natureza das conexões humanas. A palavra, entendida aqui como comunicação verbal e escrita, é o principal instrumento pelo qual transmitimos pensamentos, sentimentos, intenções e limites. Sem ela, todo relacionamento fica à mercê de suposições, mal-entendidos e silêncios mal interpretados.

Quando digo que a palavra é a base de um relacionamento, estou me referindo a relacionamentos em geral.

Na realidade, a palavra estrutura os relacionamentos desde o seu início. É por meio dela que nos apresentamos, conhecemos o outro e criamos vínculos de confiança. Relacionamentos saudáveis no ambiente de trabalho exigem diálogo constante e honesto. Quando a palavra é usada com responsabilidade, ela constrói pontes entre as pessoas. Quando usada com descuido, podemos estar erguendo muros que jamais conseguiremos derrubar.

As palavras que usamos com os nossos cônjuges, definem o relacionamento que temos com eles. Da mesma forma, as palavras que utilizamos com os nossos filhos representam a forma como nos relacionamos com eles. Com a equipe, enquanto líderes, acontece o mesmo.

AS PALAVRAS QUE VOCÊ USA COM A SUA EQUIPE DEFINEM O SEU TIPO DE LIDERANÇA.

A palavra tem, portanto, um poder criador e destrutivo. Uma palavra de encorajamento pode fortalecer um laço, enquanto uma palavra ríspida ou mentirosa pode rompê-lo. Ter consciência sobre o poder da palavra é algo que nos torna melhores como líderes.

De fato, a palavra é uma das ferramentas mais poderosas que existe. Costumamos subestimar seu alcance porque estamos tão imersos na sua presença cotidiana que esquecemos de refletir sobre a sua profundidade. A palavra pode representar promessas, selar pactos, iniciar guerras ou promover a paz. Com ela, criamos laços, rompemos barreiras, escrevemos histórias e definimos destinos.

Quando falamos, assumimos a responsabilidade por aquilo que estamos dizendo e, também, por aquilo que deixamos de dizer. A palavra envolve, por exemplo, a ética, podendo ser usada para manipular, enganar ou libertar. Em ambientes jurídicos, uma palavra pode absolver ou condenar. Nas relações humanas, uma simples palavra pode gerar conexões duradouras ou rompimentos imediatos.

Além disso, a palavra registra a memória. Quando colocamos pensamentos em textos, discursos ou músicas, estamos eternizando sentimentos e ideias. Ela é ferramenta de resistência e de transformação social. Um discurso bem construído pode mobilizar multidões, gerar empatia e despertar consciência.

A palavra também simboliza o tempo. Aquilo que dizemos hoje pode reverberar no futuro. Um conselho dado, uma crítica lançada ou um elogio proferido pode marcar a vida de alguém por anos. Ela atinge o íntimo do outro, tocando naquilo que é invisível aos olhos – o emocional, o espiritual e o psicológico.

A palavra não é apenas som ou grafia. Ela é essência, ação e consequência. Cabe a cada um de nós usá-la com responsabilidade, sensibilidade e sabedoria, conscientes de que, uma vez dita, ela não volta – ela permanece, ecoa e transforma.

A palavra é capaz de conectar, comprometer, oficializar, curar, emocionar, celebrar e ferir, além de ter uma série de outras utilidades. Eu poderia dedicar muitas páginas para discorrer sobre cada uma delas. Porém, escolhi me deter em duas – comprometimento e cura –, porque entendo que têm muito a ver com o papel do líder e, também, porque as outras me parecem mais óbvias.

QUANDO VEM ANTES, A PALAVRA COMPROMETE.

Um líder se compromete todos os dias por meio da palavra, uma vez que, no contexto da liderança, a palavra que vem antes é a que antecipa ações, define expectativas e cria compromissos. É a promessa feita, o direcionamento dado, o acordo firmado. Quando um líder se posiciona, por exemplo, dizendo:

- "vamos alcançar essa meta juntos",

ele se compromete - e compromete a equipe - com um resultado futuro.

Nesse sentido, a palavra que antecede a ação é uma promessa estabelecida, um compromisso e um ato de responsabilidade. Ela constrói confiança quando é coerente com a ação que segue. Acima de tudo, ela move, impulsiona e direciona uma equipe.

Em contrapartida, a palavra também pode comprometer negativamente quando é leviana, vaga ou descompromissada, o que é péssimo para a Cultura Organizacional. Veja os exemplos a seguir:

- "Eu vou resolver isso" - e nada acontece; ou
- "Vocês têm total autonomia", mas as decisões são constantemente revistas ou barradas.

QUANDO VEM DEPOIS, A PALAVRA CURA.

A palavra posterior - que vem depois, tem o papel de repercutir, reparar, reconhecer ou explicar aquilo que aconteceu ou foi sentido. É a palavra que vem após um erro, um conflito, uma crise ou uma perda.

É o pedido de desculpas, o feedback honesto e a escuta empática:

- "Eu errei ao não ter escutado você antes".
- "Sei que essa mudança foi difícil, e quero entender como posso apoiar melhor".
- "Obrigado pelo esforço que você demonstrou, mesmo em meio às dificuldades".

Aqui, a palavra cura porque humaniza, reconecta e acolhe. Um líder que se comunica depois de um problema com humildade e empatia, promove um ambiente de confiança e segurança psicológica. Ele mostra que não é infalível, mas está presente.

Um líder influenciador deve saber equilibrar essas duas dimensões:

- Falar antes, com intenção e clareza.
- Falar depois, com acolhimento, respeito e presença.

Afinal, liderar é também saber o momento e o jeito certo de usar a palavra para fortalecer a Cultura Organizacional.

"Não tenho palavras para expressar...". Quantas vezes já ouvimos essa frase? Ela até soa como poética, mas esconde uma enorme contradição, porque palavras existem e podem ser despejadas aos borbotões, caso queiramos. O que falta, na verdade, é o acesso consciente e emocional a elas.

Existem milhões de palavras, conceitos, expressões e possibilidades linguísticas à nossa disposição. O que determina o uso delas é, muitas vezes, o conhecimento, a prática, a coragem e o ambiente. É nesse cenário que entra a sua sensibilidade como líder.

O líder tem o poder e a responsabilidade de potencializar ou limitar os recursos de linguagem na comunicação com a sua equipe, tanto as suas quanto as dos seus liderados.

Quando um líder, no dia anterior a uma reunião, planeja o que vai falar, escolhendo as melhores palavras, está determinando os recursos de linguagem que usará para potencializar os resultados da sua mensagem.

Há muitos anos, tive que comunicar a uma pessoa da minha equipe que, mesmo merecendo muito, ela não seria promovida para o cargo que havia almejado por anos, porque tínhamos tomado a decisão de mudar a estrutura da agência e não teríamos mais aquela função. Apesar de sabermos que poderíamos perdê-la, era necessário comunicar essa decisão a ela.

Eu estava diante de uma conversa muito difícil e, por mais que tenha pensado, nenhuma palavra me parecia adequada. Optei então por falar com o coração e comecei dizendo exatamente isso:

- "Fulano, quando não sabemos como dizer algo, não temos outro caminho que não seja falar com o coração".

Ao usar essa frase, me pareceu que o restante fluiu. Consegui explicar, com clareza, o quanto a mudança de estrutura era decisiva para o nosso negócio e, principalmente, o quanto sentíamos em relação a ela, pois sabíamos das suas expectativas.

Porém, o mais importante não foi a conversa ter fluído, e sim a pessoa com quem conversei ter se aberto para escutar e entender aquilo que eu precisava dizer, o que foi determinado pela expressão "falar com o coração". Diante dessas palavras, ela percebeu a boa intenção da empresa e, principalmente, a prática do nosso valor Delicadeza.

Eu poderia ter começado dizendo "não sei nem por onde começar", que é uma expressão comum a líderes inseguros. Nesse caso, eu estaria terceirizando a responsabilidade de encontrar as palavras.

Isso mostra que a liderança exige preparo para as horas difíceis e as palavras são um instrumento de extrema importância. Por vezes, são palavras simples que nos levam ao resultado desejado.

Existem palavras para demitir com dignidade, para criticar com justiça, para discordar com respeito. Encontrá-las e usá-las pode ser um desafio bem empolgante. Lembre-se sempre disso.

O líder ocupa uma posição simbólica e de referência. Sua maneira de falar, escutar, nomear as coisas e atribuir significados define, consciente ou inconscientemente, o espaço linguístico no qual a sua equipe irá operar.

A LINGUAGEM DA EQUIPE É O REFLEXO DA LINGUAGEM DO LÍDER.

Essa é uma consequência natural da dinâmica de poder, influência e Cultura Organizacional.

Veja bem: linguagem não é apenas forma – é conteúdo, intenção, tom, timing e ética. Quando o líder se comunica de maneira clara, respeitosa, coerente e aberta, ele molda um ambiente em que a palavra circula com mais liberdade e responsabilidade. Para além disso, ele estabelece os limites do que pode ser dito, como pode ser dito e com que propósito.

A equipe, por sua vez, observa e absorve essa conduta não apenas por obediência, mas por aquilo que chamamos de "osmose cultural".

Essa expressão é uma metáfora emprestada da biologia, na qual "osmose" se refere à passagem de substâncias de um meio para outro através de uma membrana sem gasto de energia e, no contexto cultural, traduz a influência silenciosa, não imposta, mas constante, que se dá nas interações humanas.

O vocabulário do líder influencia também na construção da identidade da equipe. A forma como ele nomeia os problemas, reconhece os esforços, dá sentido às metas ou traduz os desafios, molda a forma como todos percebem a realidade ao seu redor. É ele quem estrutura, com suas palavras, o que é:

- valorizado;
- urgente;
- possível; ou
- permitido.

Isso vai muito além da comunicação técnica. Isso trata a linguagem como uma Cultura viva. Quando um líder incentiva a comunicação aberta, ele está dizendo:

- "Você pode encontrar suas palavras. Eu estou disposto a escutar".

Quando reconhece uma boa argumentação, ele valoriza o repertório verbal do outro e o estimula a continuar se expressando.

Em contrapartida, quando o líder corrige publicamente ou silencia uma ideia com desdém, ele está dizendo:

- "Suas palavras não têm espaço aqui".

Nesse instante, o líder limita o vocabulário emocional e criativo da equipe.

Os exemplos acima confirmam o fato de que a linguagem do líder não é um acessório de gestão, mas um vetor da Cultura, um espelho dos valores e um instrumento de influência. Ela gera efeitos não só na fala coletiva, mas na forma como a equipe pensa, age, sente e se transforma.

Quando digo que a linguagem do líder é um dos vetores mais poderosos da Cultura Organizacional, é porque acredito que, por meio dela, os valores, as crenças, as normas e as práticas de uma empresa são expressos e reforçados no dia a dia. A forma pela qual as pessoas se comunicam dentro de uma organização, tanto formal quanto informalmente, representa a Cultura em ação.

Se uma empresa valoriza a horizontalidade, por exemplo, a linguagem tende a ser mais inclusiva, direta e acessível. Evita-se o excesso de formalismos ou jargões hierárquicos. Palavras como "colaboração", "escuta", "time" e "cocriação" estarão presentes no vocabulário diário.

Todavia, em organizações com culturas mais rígidas e verticais, deve predominar uma linguagem mais burocrática, distante ou técnica, como "subordinação", "alçada" e "ordem de serviço".

Ao mesmo tempo, ambientes com líderes que usam uma linguagem positiva e construtiva geralmente têm climas mais saudáveis. Um feedback dito com respeito como:

- "vamos ajustar isso juntos",

constrói engajamento e faz com que a equipe acredite que pode contar com o líder.

Já uma comunicação agressiva ou passiva, como:

- "isso aqui está errado de novo"; ou
- "faça o que eu mandei",

tende a gerar medo, silêncio e insegurança psicológica. Nesse caso, a equipe entende que não pode contar com o líder, ou seja, é o contrário da disponibilidade e da colaboração.

A Cultura Organizacional também se expressa nos rituais linguísticos de uma empresa: reuniões que começam com uma "rodada de check-in" ou eventos chamados de "momento de celebração" são padrões de linguagem que criam identidade, fortalecem o sentimento de pertencimento e reforçam o posicionamento cultural desejado.

Empresas em processos de mudança cultural também usam a linguagem como ferramenta estratégica. Ao longo da minha vida profissional, participei de momentos de evolução ou transformação da Cultura de diversas empresas e, com isso, pude observar os esforços de mudança de linguagem que foram feitos para acompanhar o processo de transição.

Quando uma empresa substitui o nome "Recursos Humanos" por "Gente e Cultura", por exemplo, está buscando alterar a percepção da área que cuida das pessoas para algo mais moderno, humano e coerente com a mudança cultural que está promovendo. Trata-se de uma mudança semântica que sinaliza uma nova postura cultural, ainda que as ações precisem acompanhá-la.

O que se conclui é que a linguagem organiza, orienta e revela a Cultura de uma empresa.

É por meio das palavras que líderes influenciam comportamentos, equipes compartilham sentido e organizações constroem sua identidade. Por isso, observar e cuidar da linguagem é cuidar da Cultura Organizacional.

Costumo dizer que onde há palavra, há poder, e onde há linguagem consciente, há Cultura forte. Por isso, líderes que desejam equipes mais engajadas e potentes precisam começar dando muito valor à palavra.

O primeiro passo para isso é compreender que toda palavra carrega um estereótipo, um projeto, um arquétipo e um paradigma. Ou seja, quando escolhemos uma palavra, adotamos uma série de significados que vão além do seu uso imediato.

Proponho que você tome como exemplo a palavra "estúpido". Podemos dizê-la com o tom mais calmo, gentil ou até mesmo sorridente, e ainda assim ela manterá a sua carga simbólica. O tom pode atenuar a forma como ela é recebida, mas não anula o conteúdo que carrega. A palavra "estúpido" continua sendo um rótulo que desqualifica, inferioriza e fere. Seu peso semântico independe do volume ou da suavidade com que é pronunciada, pelo fato de ela estar impregnada de julgamento e agressividade.

Esse é o ponto essencial: a linguagem não é apenas som, é sentido construído culturalmente. Cada palavra que usamos reforça ou desafia determinados modos de ver o mundo. Por isso, líderes, educadores, profissionais e qualquer pessoa que se comunique com os outros precisam estar conscientes de que as palavras que escolhem moldam realidades, relações e percepções.

Ter cuidado com a palavra é bem mais do que evitar ofensas, é escolher conscientemente:

- qual ideia queremos representar;
- qual impacto queremos gerar; e
- qual Cultura queremos construir.

Afinal, palavras não são apenas veículos de comunicação: são ferramentas de influência e transformação. Toda palavra é mais do que um conjunto de letras organizadas. Ela carrega consigo um universo denso, invisível e profundamente simbólico.

Ao pronunciar uma palavra, não estamos apenas transmitindo informação: estamos evocando histórias, valores, crenças e imagens construídas social e culturalmente ao longo do tempo.

A PALAVRA COMO ESTEREÓTIPO.

Cada palavra pode carregar um estereótipo, ou seja, uma representação cristalizada, muitas vezes simplificada e preconceituosa, sobre algo ou alguém. Quando dizemos "chefe", por exemplo, podemos inconscientemente ativar a imagem de alguém autoritário, inflexível ou distante, mesmo que essa não seja a realidade. Os estereótipos linguísticos moldam a nossa percepção e podem tanto limitar quanto distorcer entendimentos.

A PALAVRA COMO PROJETO.

Toda palavra também aponta para um projeto, ou seja, uma direção de sentido. Ao usar certas expressões, projetamos intenções, desejos ou visões de mundo. Palavras como "inovação", "progresso" ou "sustentabilidade" não são neutras: elas carregam um impulso de transformação, de futuro, de construção de algo que está por vir. Usar uma palavra, nesse sentido, é lançar um convite à ação.

A PALAVRA COMO ARQUÉTIPO.

Segundo o pensador suíço Carl Gustav Jung, as palavras também se ligam a arquétipos, que são imagens primordiais, padrões universais enraizados no inconsciente coletivo. Quando falamos em "herói", "sábio" ou "mentora", evocamos modelos que atravessam culturas e tempos, ativando emoções e expectativas. Esses arquétipos são a espinha dorsal de narrativas humanas, e as palavras os acessam com poder simbólico.

A PALAVRA COMO PARADIGMA.

Por fim, cada palavra está inserida em um paradigma, ou seja, em um sistema de pensamento, um modelo de interpretação da realidade. Falar em liderança, hoje, por exemplo, é diferente de falar em liderança há 50 anos, porque o paradigma mudou de comando e controle para influência e colaboração. O sentido das palavras é moldado por esses paradigmas e, ao usá-las, reforçamos ou desafiamos as estruturas vigentes.

Portanto, toda palavra é uma síntese viva: ela carrega consigo o peso do passado (estereótipo), a promessa do futuro (projeto), a força dos símbolos universais (arquétipo) e o olhar da época (paradigma).

A PALAVRA DO LÍDER É UMA AÇÃO.

No exercício da liderança, cada palavra é uma ação, ou seja, um comportamento que gera consequências concretas, e não apenas simbólicas. Muitas vezes, o líder fala algo sem pensar e não se dá conta do que aquilo pode provocar na equipe.

Veja bem: um líder não apenas "usa" as palavras, mas as "faz existir" na sua área e, por meio delas, constrói o contexto desejado. Sobre construção de contexto, o maestro alemão Kurt Masur, citado mais de uma vez neste livro, dizia: "um bom maestro não muda uma orquestra, apenas faz com que ela aprenda um novo estilo".

Um líder, individualmente, não é capaz de mudar a Cultura de uma empresa. Contudo, ao usar palavras que consolidem e potencializem seus valores, ele construirá um contexto positivo na sua área que contribuirá fortemente para a consolidação, a evolução ou a transformação da Cultura.

Aqui, é importante chamar a sua atenção para a qualidade das palavras.

É comum dizermos frases como:

- "essa é uma boa palavra para representar...";
- "sem querer, usei uma palavra ruim";
- "devia ter usado outro tipo de palavra";
- "amo usar essa palavra"; ou
- "detesto quem usa a palavra tal...".

Isso acontece porque as palavras carregam:

- valor;
- estética;
- carga emocional;
- função social; e
- efeito psicológico.

Quando falamos em palavras "boas" ou "ruins", "bonitas" ou "feias" estamos, na verdade, avaliando o impacto que elas causam e a intenção que revelam.

EXISTEM PALAVRAS BOAS E RUINS.

Uma palavra pode ser considerada "boa" quando é adequada ao contexto, construtiva, clara e capaz de representar fielmente uma ideia sem distorcê-la ou causar ruído. Já uma palavra pode ser vista como "ruim" quando fere, exclui, distorce, confunde ou carrega um peso simbólico negativo, mesmo que dita sem intenção ofensiva.

Por exemplo, palavras que reforçam preconceitos ou injustiças contra grupos de pessoas são ruins não apenas por serem inadequadas, mas porque perpetuam estruturas simbólicas de violência. Mesmo quando não são insultos diretos, elas carregam narrativas que ferem – é isso que as torna negativas.

EXISTEM PALAVRAS BONITAS E FEIAS.

A noção de palavra "bonita" ou "feia" pode ser estética, mas também simbólica. Uma palavra pode soar musical, ter uma construção elegante ou evocar sentimentos positivos e, por isso, ser considerada bonita. Por outro lado, uma palavra pode parecer dura, áspera, carregada de negatividade ou de conotação ofensiva e ser considerada feia.

Mais do que a forma, o que realmente torna uma palavra bonita ou feia é o sentido que ela produz e o efeito que causa. Palavras como "acolhimento", "respeito" ou "esperança" são percebidas como belas porque evocam experiências humanas desejáveis. Já palavras como "ódio", "desprezo" ou "inútil" soam feias não apenas pelo som, mas porque nos colocam diante de sensações e ideias dolorosas.

É comum usarmos uma palavra "ruim" sem querer, o que revela o quanto o nosso repertório linguístico é moldado socialmente. Por isso, é importante desenvolver consciência sobre a linguagem: para que ela seja instrumento de expressão e não de opressão.

Por vezes, uma simples substituição pode fazer toda a diferença. Veja os exemplos a seguir. São palavras e frases muito simples que fazem parte do nosso dia a dia como líderes e que, na maior parte das vezes, não nos damos conta de que podemos dar um novo sentido a elas:

- Em vez de "eu acho": podemos usar **eu penso** ou **eu acredito**.

- Em vez de "eu quero": **eu gostaria** ou **é importante fazermos dessa forma**.
- Em vez de "eu não gosto": **quero sugerir** ou **podemos seguir um outro caminho**.
- Em vez de "eu fiz": **nós fizemos**.
- Em vez de "temos que fazer": **é importante fazer** ou **faz parte da nossa estratégia fazer**.
- Em vez de "a empresa": **a nossa empresa**.
- Em vez de "a Cultura": **a nossa Cultura**.

Essas opções nos mostram que a palavra carrega uma energia física que é liberada com o seu pronunciamento.

Existe um povo chamado Dogon, que habita a região central de Mali, ao longo das falésias de Bandiagara, que é conhecido por sua rica tradição cultural, sua espiritualidade complexa e seu profundo respeito pela palavra falada. Para os Dogon, a palavra não é apenas um meio de comunicação, mas uma força criadora, sagrada e indispensável na transmissão de sabedoria ancestral. Ela carrega poder espiritual e social, sendo cuidadosamente usada em rituais, mitos e ensinamentos que moldam a identidade do grupo.

A oralidade é, portanto, um pilar da Cultura Dogon – é por meio dela que eles preservam os mitos da criação, os conhecimentos sobre o cosmos, a agricultura e a organização social. Os anciãos, guardiões da palavra, têm a responsabilidade de transmitir esse saber de geração em geração, assegurando que o equilíbrio entre o mundo visível e o invisível seja mantido.

Na visão de mundo do povo Dogon, a palavra correta, dita no momento certo, tem o poder de curar, unir e ordenar o universo. Nesse sentido, falar é um ato sagrado, que exige consciência, sabedoria e responsabilidade.

Para o povo Dogon, as palavras têm qualidades e podem ser podres, mortas e sem sementes, ou produzir perfume e doçura. Para eles, é inaceitável que uma pessoa passe por um campo onde um homem trabalha sem entregar a ele palavras positivas de apoio, incentivo e solidariedade.

Quem conhece a aridez da região de Mali compreende por que a palavra é tão valorizada e bem utilizada, causando, inclusive, surpresa e admiração naqueles que, porventura, tenham a oportunidade de conviver com esse povo e entender o quanto as palavras que usamos influenciam quem somos. No exercício da liderança, eu diria que isso acontece de maneira ainda mais forte.

Dessa forma, reafirmo: existem palavras "boas" e "ruins", "bonitas" e "feias". Mas esses rótulos não são apenas estéticos ou morais, eles são um reflexo da relação entre linguagem, valor e consequência.

Podemos decidir que palavras queremos dentro de nós ou ao nosso redor. Consequentemente, toda palavra é uma escolha.

E toda escolha carrega impacto. Ao reconhecermos isso, passamos a usar a linguagem com mais consciência, profundidade e humanidade.

Além de estar atento a essas questões, você deve realizar uma "curadoria" de palavras a serem usadas no seu dia a dia, não apenas com os seus liderados, mas com colegas e Diretores. Escolher bem as palavras não é preciosismo, mas responsabilidade.

Veja que no parágrafo acima eu usei a palavra "curadoria". Fiz isso de propósito para falar sobre o fato de que, nos últimos anos, o ambiente corporativo passou por transformações culturais, digitais, sociais e estruturais que trouxeram, para ele, novas palavras.

Com as mudanças nas empresas, novas palavras começaram a circular com força no ambiente corporativo, refletindo diferentes necessidades, mentalidades e formas de trabalho. Palavras que antes eram restritas a determinados contextos como Arte, Educação, Tecnologia ou Psicologia foram absorvidas pelo vocabulário organizacional e ganharam novos significados ou a ampliação do seu uso.

Um bom exemplo é a palavra "curadoria", por isso a citei. Originalmente associada ao universo das artes e dos museus onde o curador seleciona, organiza e dá sentido a uma exposição, ela passou a ser usada no meio corporativo para descrever o processo de seleção criteriosa de conteúdos, informações, pessoas, experiências ou soluções. Hoje, fala-se em curadoria de conteúdo, curadoria de talentos, curadoria de palestrantes, entre outros usos. Essa transposição do conceito indica uma valorização da qualidade da escolha e da intencionalidade da entrega, algo crucial em um mundo marcado pelo excesso de dados e opções.

Outros exemplos de palavras que ganharam espaço nas empresas são: protagonismo (vinda das Artes Cênicas), resiliência (da Psicologia), cocriação (da Publicidade) e tantas outras do inglês como mindset, employee, onboarding, experience e storytelling.

Especialistas em linguagem, gestão e Cultura Organizacional reconhecem que o surgimento e a adoção dessas palavras refletem transformações mais amplas nas relações de trabalho.

Segundo a linguista Viviane Mosé, "a linguagem é um território vivo, e o vocabulário que escolhemos expressa não só o que fazemos, mas o que desejamos ser".

Logo, as palavras novas indicam uma mudança de mentalidade e de propósito dentro das empresas.

Já estudiosos da área de Administração e Inovação, como Clayton Christensen ou Gary Hamel, observam que a linguagem corporativa se reinventa para acompanhar os novos modelos de negócio. Para eles, essas novas palavras são parte da "arquitetura simbólica" das organizações modernas – estruturas que moldam como pensamos, sentimos e agimos no trabalho.

Contudo, especialistas alertam para o risco da superficialidade: adotar termos novos sem mudar práticas reais pode soar como vazio ou apenas servir como "maquiagem discursiva". Como afirma o consultor brasileiro Eduardo Carmello, "de nada adianta falar em protagonismo se a Cultura ainda é de controle".

As palavras devem refletir o comportamento e não apenas adorná-lo. Portanto, não podemos ver o surgimento de novas palavras no ambiente corporativo como um modismo, mas como um reflexo das mudanças culturais, tecnológicas e humanas pelas quais as organizações estão passando.

Essas palavras trazem novas lentes, estimulam novas práticas e desafiam velhas estruturas. Contudo, para que tenham valor real, é imprescindível que venham acompanhadas de ação, coerência e profundidade, especialmente da parte dos líderes. Porque, no fim, a linguagem não apenas representa a Cultura – ela ajuda a consolidá-la.

A PALAVRA EMOCIONA.

A palavra, em sua essência mais profunda, é um instrumento de emoção. Ela tem o poder de evocar lembranças, despertar sensações, criar imagens mentais, gerar empatia e até provocar transformações internas. Muito além de seu uso funcional como meio de instrução ou transmissão de informação, a palavra se revela como ponte entre o sentir e o expressar, entre o mundo interior e o mundo compartilhado. É nesse terreno que ela se torna arte.

Quando digo que a palavra emociona, reconheço a sua capacidade de tocar a experiência humana, aquilo que é invisível, mas vital: a dor, o amor, a ausência, o encantamento, o medo, a esperança. Ela dá nome ao que sentimos e, ao fazer isso, organiza o caos interno, cria significado para o que antes era apenas sensação difusa.

A palavra, nesse sentido, não serve apenas para descrever a emoção, mas também para provocá-la. Um poema pode consolar. Uma carta pode reconciliar. Um verso pode fazer alguém chorar, mesmo que não entenda exatamente o motivo. Isso acontece porque a palavra acessa camadas simbólicas profundas, dialogando com nossas memórias e nossos desejos.

Contudo, é na arte que a palavra atinge seu potencial máximo de emoção. Na literatura, ela constrói mundos imaginários que nos permitem viver vidas que não são nossas. Nos romances, nos contos, nas crônicas e nos diários, a palavra se torna narrativa, espelho, confissão e ficção. Na poesia, a palavra se descola da lógica cotidiana e mergulha no ritmo, na metáfora e na estética.

Quando escrevo uma poesia, costumo jogar as palavras principais sobre o papel como se as fizesse mergulhar para, depois, boiar. A partir daí, começo a trocá-las de lugar, acrescentando outras, até perceber algum sentido. No final, ao ler a poesia, percebo que algumas palavras ficaram "penduradas", ou seja, são desnecessárias e precisam ser retiradas. Obviamente, cada pessoa tem o seu processo. O meu é esse: mergulho e descolamento.

Na música, a palavra encontra o som e o tempo, criando uma alquimia que intensifica a experiência emocional. Não é à toa que, em momentos marcantes da vida, recorremos a canções ou a frases escritas: elas dizem o que muitas vezes não conseguimos formular sozinhos. Eu, pessoalmente, amo as músicas cantadas por Zé Ramalho, Belchior, Djavan, Ney Matogrosso e Raul Seixas, pelo jogo de palavras que existe nelas e que torna os versos pouco previsíveis. Obviamente, eles não compuseram tudo o que cantam, mas souberam escolher composições que brincam com as palavras de uma forma surpreendente.

Quando uma palavra emociona, ela estabelece um encontro entre:

- quem escreve e quem lê;
- quem fala ou canta e quem escuta; e
- o íntimo e o coletivo.

Nesse sentido, a palavra é ferramenta de conexão humana. Ela atravessa o tempo e o espaço, sobrevivendo a ausências, reconstruindo vínculos, acolhendo feridas e celebrando afetos.

Para mim, a palavra não está apenas na arte. A palavra é arte. É criação, expressão e transbordamento daquilo que sentimos, mas que só ganha forma quando, finalmente, é nomeado. É para isso que existe a palavra.

A palavra nos emociona também por meio de histórias – e, dependendo da história, ela também é capaz de nos fazer rir.

Há muito fala-se em storytelling, a arte de contar histórias com estrutura, emoção e propósito. Mais do que relatar fatos, storytelling envolve criar narrativas que conectem pessoas, transmitam mensagens e provoquem identificação.

Podemos dizer que, hoje, o storytelling é uma técnica poderosa usada no Marketing, na educação, na Cultura e, também, na comunicação organizacional.

Quando um líder utiliza storytelling, comunica de forma mais humana, envolvente e inspiradora. Em vez de apenas repassar informações ou metas, ele compartilha histórias que:

- o conectam emocionalmente com a equipe;
- traduzem valores e propósito em exemplos práticos;
- motivam por meio de experiências vividas (ou simbólicas);

- tornam mensagens memoráveis; e
- geram senso de pertencimento e Cultura compartilhada.

Quando decidi me afastar da gestão da empresa que criei, abraçando uma espécie de aposentadoria parcial, muitas pessoas me perguntaram: "E agora, o que você vai fazer?". A minha resposta foi: "Vou continuar a minha jornada, agora como contadora de histórias por meio de palestras, livros e redes sociais".

Na verdade, sempre fui uma contadora de histórias. Mesmo no papel de líder, entre metas, reuniões e decisões, o que mais me movia era a capacidade de inspirar, conectar e dar sentido por meio das palavras. Por isso, ao deixar as questões operacionais do dia a dia da agência, percebi que estava apenas abrindo espaço para fazer um pouco mais daquilo que sempre me deu prazer.

Hoje eu comecei meu dia treinando um grupo colaboradores da Happy sobre "Criação em Endomarketing – O que as empresas aprovam ou não aprovam", um programa baseado em exemplos concretos durante o qual eu conto várias histórias.

Além das suas competências técnicas e estratégicas,

TODO LÍDER PRECISA SER UM
BOM CONTADOR DE HISTÓRIAS.

É por meio de uma boa narrativa que o líder transmite a Cultura, compartilha aprendizados e fortalece vínculos. Uma história bem contada emociona, ensina e engaja. Ela transforma dados em significado, rotinas em propósito e trabalho em missão.

Ser um contador de histórias não significa dominar técnicas de oratória ou saber entreter. Trata-se, acima de tudo, de olhar para os acontecimentos com sensibilidade e atribuir a eles um sentido. E isso é algo que todo líder pode desenvolver.

O líder que sente prazer em compartilhar suas experiências,

dando a cada fato um significado, já é um contador de histórias. Da mesma forma, o líder que enxerga os processos, as superações e os pequenos avanços da equipe tem um repertório riquíssimo para transformar experiências em narrativas com valor humano. Exemplos:

- Uma meta batida pode virar uma história de superação.
- Um erro pode se tornar aprendizado compartilhado.
- Um novo projeto pode ser olhado como um capítulo de futuro.

As histórias não precisam ser perfeitas, mas reais. A emoção é o que conecta. Falar com o coração abre espaço para que outros também se sintam parte da narrativa. Aqui entra o que escrevi sobre vulnerabilidade em um dos capítulos anteriores. O líder pode e deve transformar suas vulnerabilidades em boas histórias.

Um verdadeiro contador de histórias é aquele que vê além do óbvio. Ele transforma o cotidiano em metáfora, o detalhe em ensinamento e o gesto em mensagem.

Hoje, mesmo não estando mais à frente de uma equipe, continuo exercendo a liderança por meio das histórias que compartilho. Porque liderar é, também, criar enredos que inspirem outras pessoas a enxergarem o valor do que fazem e o sentido do que são.

Se cada líder assumisse o papel de narrador daquilo que vive, sente e aprende, teríamos organizações mais humanas, conscientes e conectadas com o que realmente importa. Afinal, as histórias não apenas contam o que aconteceu, elas mostram quem somos.

CONSTRUA A SUA NARRATIVA.

Você certamente já está convencido de que a Cultura de uma empresa não se impõe por meio de manuais ou apresentações de PowerPoint. Neste capítulo sobre o poder da palavra, você está tendo a oportunidade de perceber que a Cultura vive na linguagem cotidiana, nas decisões, nos símbolos e, sobretudo, na narrativa construída e comunicada pelo líder enquanto contador de histórias.

Por narrativa, entenda a arte de contar algo para uma pessoa ou um grupo de pessoas com sentido, intenção e estrutura. Refiro-me a transformar:

- fatos em histórias;
- dados em significados; e
- experiências em aprendizados.

Afinal, é por meio de uma boa narrativa que o líder traduz, encarna e reforça, de forma constante e coerente, o propósito, a missão, a visão e os valores da organização, conectando-os com a estratégia.

O líder que constrói uma narrativa sólida, coerente e emocionalmente significativa atua como ponte entre o discurso e a prática, entre a identidade e a ação. Sua linguagem molda o ambiente, influencia comportamentos e orienta decisões, mesmo quando ele não está presente.

Aqui, vale registrar que uma narrativa é feita de palavras-chave, expressões simbólicas e frases que se repetem com sentido, não como slogans vazios, mas como lembretes vivos daquilo que orienta o trabalho coletivo.

O QUE SÃO PALAVRAS-CHAVE?

As palavras-chave da Cultura são os termos que expressam os valores da organização. Exemplos:

- Colaboração.
- Excelência.
- Resolução.
- Responsabilidade.

- Agilidade.
- Protagonismo.
- Humanização.

Quando o líder usa as palavras que representam os valores da empresa com frequência, elas deixam de ser apenas conceitos abstratos e passam a refletir e indicar práticas concretas.

O QUE SÃO FRASES ORIENTADORAS?

Dentro desse mesmo conceito, o líder pode criar o que chamamos de frases orientadoras, que funcionam como bússolas culturais. São frases a serem repetidas com sentido, contextualizando-as em situações reais. Exemplos:

- "Aqui, errar rápido faz parte do nosso processo de inovação".
- "Não tomamos decisões que vão contra os nossos valores, mesmo que pareçam vantajosas no curto prazo".
- "Cliente no centro, sempre – mesmo quando dá trabalho".

O QUE SÃO EXPRESSÕES DE ALINHAMENTO?

Por expressões de alinhamento, entenda frases mobilizadoras, usadas para traduzir grandes metas e ajudar a equipe a se orientar no dia a dia de trabalho. Exemplos:

- "Estamos construindo um serviço que as pessoas vão querer recomendar".
- "Nosso crescimento não pode custar a nossa essência".
- "Cada entrega precisa refletir quem somos".

Ao longo da minha trajetória como líder de uma agência com mais de uma centena de profissionais, criei frases para "chamar de minhas", ou seja, frases que eu usava com o objetivo de promover o alinhamento da equipe e representar a nossa Cultura. E depois de criá-las, as repeti incansavelmente. Exemplos:

- "Aqui, fazemos Endomarketing com a sofisticação da propaganda bem-feita".
- "A firmeza tem que vir acompanhada da delicadeza".
- "O nosso trabalho não é educar clientes, é atendê-los".
- "Disciplina é mais importante que inteligência".

Quem me teve como líder, certamente me ouviu repetir as frases que citei acima. Hoje, nos treinamentos de liderança que realizo, sempre provoco os líderes a criarem "frases para chamar de suas". Portanto, crie frases para chamar de suas.

O que estou sugerindo é que você crie uma identidade verbal coerente com os valores da empresa e com a liderança que exerce. Crie expressões que marquem, que se repitam e que comuniquem princípios mesmo quando você não estiver presente fisicamente. Essas frases se configurarão como pequenas sementes de Cultura lançadas ao longo do tempo.

Refiro-me a criar frases que educam, lembram e inspiram. Frases que funcionam como mantras, reforçando o que é esperado, o que é valorizado e, principalmente, o que é inegociável.

Quando um líder repete com convicção algo como:

- "a gente erra aprendendo, não escondendo" ou
- "não existe bom resultado com ambiente ruim",

ele está fazendo mais do que comunicar: está moldando comportamento, Cultura e percepção coletiva.

Além disso, frases próprias têm autenticidade e personalidade. Diferentemente de clichês prontos ou frases copiadas, elas nascem da vivência, da observação e da verdade do líder. E é exatamente isso que as torna memoráveis, uma vez que carregam história, contexto e propósito.

Um líder influenciador não precisa falar muito para ser lembrado, mas precisa escolher bem o que diz e repete. Frases consistentes, alinhadas à prática, se tornam âncoras culturais e são lembradas nos corredores, repetidas nas reuniões e citadas, mesmo anos depois. Um exemplo disso são as empresas nas quais as frases do seu fundador, que não está mais lá, continuam sendo repetidas.

Por isso, criar frases para chamar de suas é mais do que um gesto de comunicação – é um ato de liderança simbólica. É transformar valores em linguagem viva.

Aqui, vale lembrar que ser um contador de histórias no ambiente corporativo é utilizar histórias concretas de clientes, colaboradores, fornecedores, sobre decisões difíceis ou conquistas marcantes, que tornam a Cultura tangível. Essas histórias funcionam como cases que ensinam sem impor e que inspiram sem parecer uma lição de moral.

Para construir a sua narrativa e colocá-la em prática, sugiro que você faça o uso das estratégias/caminhos a seguir:

- Preste atenção na sua própria fala, colocando nela as melhores palavras, expressões e frases que representem e contribuam para a Cultura Organizacional.
- Dedique um tempo para escolher palavras, expressões e frases que tenham a ver com a Cultura existente e desejada, a serem repetidas sempre que tiver oportunidade.
- Repita com intenção. A narrativa só se fixa se for repetida de forma coerente. O líder deve aproveitar reuniões, comunicações e momentos informais para reforçar os pilares da Cultura com suas palavras.
- Busque ter coerência entre a sua fala e a sua ação, entendendo que a linguagem é poderosa, mas só funciona se estiver alinhada à prática real.

- Atualize a sua narrativa constantemente, porque toda Cultura evolui e a narrativa precisa ser adaptada.

Um líder que constrói e compartilha sua própria narrativa alinhada à Cultura da empresa não apenas comunica - ele educa, inspira e orienta. As suas palavras se tornam uma espécie de "trilha sonora" da organização: algo que ressoa, que marca e que guia.

Por fim, considero importante que a fala do líder esteja sempre alicerçada nos atributos a seguir:

- **Honestidade**, que significa ser claro e transparente.
- **Autenticidade**, ou seja, ser sempre ele mesmo.
- **Integridade**, no sentido de representar a sua palavra.
- **Humanização**, que aqui representa desejar e promover o bem.

Assim, a sua palavra ultrapassará o mero discurso e se transformará em ação viva, coerente com seus valores e compromissos. Quando você comunica com honestidade, autenticidade, integridade e humanização, não apenas transmite mensagens - você inspira, mobiliza e transforma realidades. Cada palavra dita ecoa no comportamento do grupo, molda a Cultura e fortalece os vínculos de confiança.

Lembre-se que a comunicação líder-equipe deve ser o mais coloquial possível, porém sem exageros. Alerto para isso porque a palavra falada é um caminho sem volta. Quando falamos, não podemos editar.

Assim, tenha o máximo cuidado para evitar palavrões, gírias, palavras complexas, siglas sem definição, excesso de palavras em inglês e outros erros de linguagem que, hoje, são cometidos por profissionais de todos os níveis no ambiente corporativo.

Contudo, a palavra não é só falada - ela também é escrita, e tudo o que foi colocado sobre "o que" e "como" falamos, vale também para quando estamos escrevendo. Afinal, não é porque a comunicação avançou para formatos de áudio e vídeo que o texto perdeu a sua utilidade. Ao contrário: no mundo contemporâneo, a palavra escrita ganhou ainda mais relevância, pelo simples fato de que permanece e circula, além de poder ser revisitada e analisada.

Mais do que isso, a palavra escrita oficializa aquilo que foi falado. Por isso, dependendo do conteúdo, é muito importante que o líder oficialize aquilo que disse por meio de um documento que seja lido por todos.

Para um líder moderno, que valoriza a palavra, compreender o poder do texto é fundamental. Isso significa saber escrever e, principalmente, fazê-lo corretamente, porque a escrita é uma das formas mais visíveis e duradouras da comunicação. Textos mal escritos, com erros gramaticais ou estruturais, comprometem a clareza da mensagem e, muitas vezes, a credibilidade de quem os assina.

A forma como um líder escreve revela seu cuidado com os detalhes, sua capacidade de organizar ideias e sua consideração pela equipe. Escrever bem é demonstrar respeito, inteligência e preparo – três qualidades fundamentais para quem conduz pessoas e projetos.

Além disso, em um mundo corporativo cada vez mais digital e ágil, a escrita é uma ferramenta estratégica. Desde a elaboração de comunicados internos até a participação em redes sociais ou a condução de negociações por e-mail, um texto bem construído pode motivar, alinhar equipes, evitar mal-entendidos e fortalecer a imagem do líder.

Dominar a escrita não é apenas uma habilidade técnica – é uma forma de exercer influência com ética, precisão e elegância. Escrever dá clareza ao conteúdo, porque permite ler, reler, editar e trocar palavras antes de apertar o botão de enviar.

UM LÍDER DEVE USAR O E-MAIL OU O WHATSAPP?

Vivemos a era do imediatismo e o universo das interrupções. Enquanto trabalhamos, somos interrompidos o tempo todo por mensagens de todas as origens.

Nesse contexto de confusão no qual todos estamos inseridos, entendo que, para o repasse e a oficialização de informações corporativas, um líder deve preferir o uso do e-mail em vez do WhatsApp, o que não é apenas uma questão de formalidade, mas de organização e eficácia da mensagem.

Acredito que o e-mail oferece um ambiente mais adequado para comunicações que exigem clareza, registro e fácil rastreamento. Ele permite estruturar melhor o conteúdo, incluir anexos, marcar cópias para outros setores, manter o histórico de conversas e, acima de tudo, preservar o tom institucional necessário para certos tipos de mensagem.

O WhatsApp, embora prático e rápido, é um canal informal, muitas vezes associado a conversas pessoais. Quando usado para tratar de assuntos corporativos relevantes, pode gerar ruído na comunicação e perda de informações importantes em meio a outras mensagens, além de invadir o tempo pessoal da equipe.

O e-mail, por sua vez, respeita os limites profissionais, organiza o fluxo de informações e demonstra o cuidado do líder com uma comunicação clara e responsável. Resumindo, o e-mail oficializa, documenta e disponibiliza.

ORGANIZAR A INFORMAÇÃO DENTRO DA ÁREA É UMA RESPONSABILIDADE DO LÍDER.

Em tempos de excesso de ruídos e mensagens apressadas, comunicar utilizando o canal mais adequado é um gesto de atenção e respeito pelo tempo e pela atenção dos colaboradores.

Você deve estar se perguntando:

- "não devo ter um grupo de WhatsApp com todos os membros da minha equipe?".
- "isso significa, também, que jamais devo enviar uma mensagem para os meus liderados por meio desse canal?".

A resposta é: você pode e deve ter um grupo de WhatsApp no qual estejam todos da sua equipe e enviar mensagens por meio dele. Contudo, deve lembrar que esse é um canal para informações rápidas, como recados e avisos do dia a dia, e não para informações relevantes sobre a área ou o negócio.

Com relação ao uso do WhatsApp, vale lembrar, também, a importância de evitar mensagens específicas para uma única pessoa ou parte da equipe, mensagens longas e complexas, áudios intermináveis, memes, piadas ou mensagens de autoajuda.

NADA COMO UM PORTUGUÊS PERFEITO.

Confesso que sou obcecada por isso. Para mim, o melhor texto pode perder a sua qualidade quando escrito com erros de português. Além de comprometer a clareza da mensagem, esse tipo de deficiência desvaloriza a autoridade e a credibilidade de quem o escreveu, especialmente quando se trata de um líder. Em um ambiente corporativo, onde as palavras têm peso e as decisões são comunicadas também por meio de documentos, relatórios e e-mails, a correção da linguagem se torna um sinal de competência, preparo e respeito pelo colaborador.

Em tempos de mensagens abreviadas, frases fragmentadas e informalidades digitais, dominar o português é um diferencial expressivo. Para o líder, escrever bem não significa apenas evitar erros gramaticais, mas influenciar positivamente por meio da linguagem.

A forma como uma mensagem é escrita reflete o cuidado que o líder tem com sua equipe, os processos e a imagem da Organização.

Em razão disso, cuidado com a pontuação, acentuação, concordância, palavras e frases completas, espaço entre parágrafos e outros detalhes que valorizam o texto.

Investir em uma boa redação não é apenas uma questão técnica – é uma escolha estratégica de quem entende que a imagem da liderança se constrói também pela comunicação escrita.

Talvez você esteja pensando:

- "sempre tive dificuldade para escrever";
- "o meu texto nunca foi bom"; ou
- "se depender da qualidade do meu texto, nunca serei capaz de influenciar a minha equipe".

Escrever também é uma virtude e, como virtude, pode ser desenvolvida. A minha proposta é que você busque aprender por meio de cursos, livros e artigos. Para começar, sugiro que leia um livro chamado "Cura pelas palavras", de Rupi Kaur. Essa obra traz alguns exercícios que nos faz praticar a escrita.

Para avaliar se o texto que será enviado à sua equipe está adequado, sugiro que você o leia em voz alta. Esse simples exercício ajuda a identificar rapidamente trechos truncados, frases confusas ou pontos que precisam de ajuste.

Ainda sobre o formato das mensagens, considere incorporar o uso de vídeos à sua comunicação.

GRAVE VÍDEOS CURTOS E OBJETIVOS.

e os envie por e-mail ou, quando apropriado, via WhatsApp. Caso a empresa tenha uma rede social interna e exista um grupo específico da sua área, esse certamente será o canal mais adequado.

Gravar as mensagens em vídeo pode ser especialmente eficaz se você se expressa melhor falando do que escrevendo. O tom de voz, a expressão facial e a linguagem corporal ajudam a transmitir emoção, intenção e proximidade, elementos muitas vezes perdidos na comunicação escrita.

Imagine, por exemplo, gravar um vídeo a cada 15 dias para falar sobre os valores da empresa e como eles têm sido vivenciados na sua área, citando exemplos reais e inspiradores da equipe. Isso não apenas reforçará a Cultura Organizacional, como também o aproximará ainda mais das pessoas, gerando engajamento e tornando a mensagem mais humana e memorável.

Em um mundo de excesso de informação, formas autênticas e pessoais de comunicação se destacam, e o vídeo pode ser uma poderosa ferramenta para o líder que deseja influenciar com propósito, clareza e conexão.

Outra estratégia nesse sentido, um pouco mais ousada, pode ser criar um perfil no Instagram, aberto apenas para os seus liderados, no qual você veiculará vídeos não apenas com mensagens rápidas, mas com treinamentos pockets que podem fazer a diferença na performance da área.

Porém, muito cuidado com o excesso de mensagens. A ansiedade nos faz falar e escrever mais do que necessitamos, muitas vezes como tentativa de controle, por antecipação ou insegurança. No universo da liderança, isso se traduz em comunicações excessivas, pouco objetivas e, por vezes, confusas. O líder ansioso tende a preencher o silêncio com explicações desnecessárias, repetir mensagens exaustivamente ou compartilhar informações que ainda não estão maduras o suficiente para serem divulgadas. Esse excesso pode gerar ruído, insegurança na equipe e até desgaste da autoridade.

Há pouco tempo, assisti a uma entrevista do profissional que treina o time de futebol do Palmeiras – Sociedade Esportiva Palmeiras – desde 2020, Abel Ferreira. Nessa entrevista, ele contou que, antes de enfrentar um time adversário, assiste a vários jogos dele, fazendo muitas anotações que chegam a encher um caderno.

No entanto, essas anotações não são repassadas ao time na forma em que estão. Ele as resume em quatro ou cinco pontos relevantes e, então, as entrega. Esse técnico acredita que os jogadores não devem entrar em campo com a mente lotada de informações, mas dominando aquelas que realmente são importantes para "ganhar o jogo".

Para ele, entre o excesso e a falta de informação, o que importa é a relevância. Uma curiosidade: o Abel Ferreira é o técnico mais longevo do futebol brasileiro em atividade e o que permanece mais tempo em um clube da Série A, com alto volume de partidas e conquistas.

Saber o que dizer, quando dizer e como dizer é uma habilidade essencial para o líder. Nem tudo precisa ser comunicado imediatamente, assim como nem toda informação deve ser compartilhada integralmente com todos. A comunicação estratégica exige equilíbrio: transparência, sim, mas com critério e intenção. Um líder influenciador é aquele que filtra o que é relevante, organiza o pensamento antes de se expressar e evita a comunicação que, em vez de esclarecer, desorienta.

AS PALAVRAS TÊM PESO, DIREÇÃO E CONSEQUÊNCIAS.

Há pouco tempo, assisti a um documentário de uma cantora brasileira muito conhecida, inclusive no cenário internacional. O documentário mostrou o seu dia a dia pessoal e de trabalho. Nesses dois contextos, ela aparece convivendo com uma equipe de vários profissionais que cuidam da sua aparência e daquilo que ela produz em nível de música, dança, presença em eventos, entrevistas e outras interações.

Em praticamente todo o documentário, a imagem dela é trabalhada para que seja percebida como alguém extremamente competente e exigente naquilo que faz. Entretanto, o que mais me chamou a atenção foi a linguagem agressiva, desrespeitosa e baseada na ameaça que ela pratica, de forma permanente, com a sua equipe.

Logo que assisti a esse documentário, soube pela imprensa que essa cantora havia sido convidada para dar aula de empreendedorismo em uma universidade e, também, para fazer parte do conselho consultivo de uma grande empresa.

Confesso que essas duas notícias me surpreenderam negativamente, pois o que conheci, por meio do documentário que assisti, foi uma profissional totalmente despreparada para lidar com pessoas ou opinar e decidir sobre elas.

Encerro esta parte reforçando que as palavras que você utiliza no exercício da liderança, independentemente de serem faladas ou escritas, têm peso, direção e consequência. Ao escolher bem "o que" e "como dizer", você pode abrir inúmeros caminhos para o bem da sua área e da empresa como um todo, além de trabalhar a sua imagem como líder influenciador.

O PODER DA POSTURA

Garanto a você que a postura de um líder vai além da expressão corporal. Embora o modo como o líder se apresenta fisicamente seja importante, a postura, como conceito mais amplo, inclui um conjunto de atitudes, valores e comportamentos que definem como ele se posiciona diante de pessoas, desafios e responsabilidades.

Uma das frases que mais uso nas palestras que realizo sobre comunicação líder-equipe é:

"ASSIM COMO O ARTISTA, O LÍDER
TEM QUE ESTAR ONDE O POVO ESTÁ".

É com ela que começo a abordar o poder da postura de um líder. Afinal, a presença do líder é determinante para que a conexão com a equipe se estabeleça.

Estar onde o povo está não significa apenas presença física, mas principalmente presença real, com o corpo, o olhar, os gestos, o tom de voz e outros fatores igualmente importantes. O líder, como o artista no palco, precisa estar disponível, visível e presente emocionalmente.

O "estar presente" não pode representar apenas a presença física no prédio da empresa, mas principalmente marcar presença na área de atuação da equipe, circulando com propósito, observando, ouvindo, participando e mostrando-se disponível.

Um líder que permanece trancado em sua sala ou preso em uma agenda interminável de reuniões corre o risco de se distanciar da realidade do time. Ele deixa de perceber nuances do clima organizacional, sinais de desalinhamento cultural ou até oportunidades de reconhecer um bom trabalho no momento certo.

Por outro lado, quando o líder caminha pela área, cumprimenta as pessoas com atenção, observa como os processos estão fluindo, escuta um colaborador que deseja compartilhar algo ou simplesmente está acessível, ele reforça os valores da empresa e fortalece vínculos de confiança.

Imagine um líder que, toda segunda-feira pela manhã, faz uma rápida volta pelo setor para desejar uma boa semana aos colaboradores. Imagine aquele que, ao notar uma tensão entre áreas ou pessoas, vai pessoalmente conversar com os envolvidos para entender melhor o contexto. São gestos simples, mas que comunicam proximidade, cuidado e coerência com os princípios da empresa. Em tempos de sobrecarga digital e distanciamento simbólico, a presença ativa e sensível do líder no cotidiano da equipe é um dos recursos mais poderosos para cultivar a Cultura Organizacional.

No entanto, o líder precisa tomar cuidado para que a sua presença física na área, observando, conversando e colaborando com a equipe, não seja confundida com microgerenciamento. Estar presente no cotidiano do time não significa exercer controle excessivo ou retirar a autonomia das pessoas.

Microgerenciamento é um estilo de liderança marcado pelo controle minucioso das tarefas, desconfiança na capacidade da equipe e falta de delegação. O líder que pratica o microgerenciamento supervisiona cada detalhe, revisa constantemente o trabalho dos outros, centraliza decisões e sufoca a iniciativa individual. Esse comportamento gera insegurança, desmotiva os profissionais e impede o desenvolvimento de um ambiente de confiança e autonomia.

Já o líder presente, mas não controlador, é aquele que está disponível para apoiar, orientar e reconhecer o trabalho da equipe sem interferir de forma invasiva. Ele circula para entender melhor os desafios, escutar sugestões, remover obstáculos e promover conexões. Sua presença é leve, acolhedora e estratégica, não para controlar, mas para compreender e construir junto.

É esse tipo de presença que inspira, dá segurança e potencializa o desempenho coletivo. O segredo está na intenção: o líder que se aproxima para servir, não para vigiar, amplia a maturidade da equipe.

Já sabemos que a Cultura não se impõe por decreto – ela se constrói e se sustenta na prática. Nesse processo, o líder é uma ponte entre o discurso institucional e a vivência concreta dos colaboradores. Ao adotar uma postura forte, dar o exemplo, valorizar comportamentos compatíveis com os valores da empresa e corrigir desvios com clareza e respeito, ele gera um ambiente de consistência e pertencimento.

Logo, podemos dizer que a postura do líder é um dos instrumentos mais poderosos de reforço cultural que existe por:

- comunicar sem palavras;
- orientar sem imposição; e
- ser capaz de influenciar com legitimidade.

Neste livro, decidi abordar o poder da postura de um líder, dividindo-a em quatro fatores:

- Postura ética.
- Postura corporal.
- Postura informativa.
- Postura motivacional.

Além dessas, elenquei mais quatro tipos de postura que são a emocional, a estratégica, a comunicacional e a postura nas redes sociais, porém sobre essas eu já apresentei nos capítulos anteriores.

A POSTURA ÉTICA.

Começo, então, pela postura ética, sem a qual todas as outras perdem totalmente o sentido, porque acredito que, antes de qualquer habilidade técnica, experiência profissional ou carisma, um líder precisa ter postura ética.

Outro motivo é o fato de que a ética está entre os valores de muitas empresas. Quando não está descrito, está implícito em um ou mais valores. Por vezes, está em todos eles.

Isso acontece porque a ética é o fundamento invisível, mas perceptível, que sustenta todas as demais dimensões da liderança. Ela é o eixo que orienta o comportamento do líder mesmo quando:

- não há regras explícitas;
- ninguém está observando; ou
- agir corretamente traz mais custo do que benefício imediato.

A postura ética, nesse sentido, é um compromisso interno com o que é certo, justo e responsável, e não apenas para atender às normas da empresa, mas porque isso expressa quem o líder é.

UM LÍDER ÉTICO NÃO APENAS SEGUE REGRAS – ELE INSPIRA CONFIANÇA.

Mais do que isso, ele é coerente em relação ao que diz e o que faz, toma decisões com base em valores, não em conveniências, e entende que sua conduta tem impacto direto na prática da Cultura por parte da equipe.

A forma como o líder lida com erros, poder, dinheiro, o tempo dos outros e situações de conflito revela muito mais do que discursos motivacionais. Quando a equipe percebe que o líder é íntegro, ela se sente segura, respeitada e mais disposta a agir com responsabilidade. A ética se espalha por influência – e o líder, por meio da sua postura, é o principal agente de contágio positivo.

Cada vez mais as pessoas buscam referências confiáveis. Um líder que tem postura ética é um farol: oferece direção quando os caminhos não estão claros e protege o grupo contra os riscos da incoerência. Afinal, essa é a postura da liderança que forma caráter e que deixa legado.

Entre as diversas formas de avaliar a postura de um líder, essa é a que forma caráter e deixa mais legado.

A POSTURA CORPORAL.

Nesta parte do livro, eu convido você a olhar para além das palavras, reconhecendo que a postura corporal, as expressões faciais, o tom de voz, os gestos e até o silêncio são elementos poderosos da linguagem não verbal que conferem credibilidade, emoção e autenticidade ao discurso.

O QUE O SEU CORPO DIZ SOBRE VOCÊ?

Em algum momento, você já parou para pensar sobre isso? Ocorre que antes mesmo de abrir a boca, você já está comunicando por meio da sua postura corporal, jeito de caminhar, gestos, voz e outros fatores relacionados ao seu corpo.

No exercício da liderança, essa linguagem silenciosa pode ser tão ou mais poderosa do que a fala articulada. Sua presença física transmite:

- segurança ou dúvida;
- abertura ou rigidez; e
- confiança ou hesitação.

Saiba que a sua equipe lê esses sinais não verbais e reage a eles, mesmo que racionalmente não os perceba. Iniciar uma conversa, dar um feedback, entrar em uma reunião, conduzir uma decisão difícil – todos esses momentos são acompanhados por uma comunicação não verbal que influencia diretamente o impacto da sua atuação como líder.

Refletir sobre o que seu corpo expressa é um passo essencial para tornar a sua comunicação mais consciente, coerente e eficaz. Por isso, eu convido você a olhar para além das palavras, reconhecendo que o corpo é parte ativa da liderança.

A postura corporal, as expressões faciais, o tom de voz, os gestos e até o silêncio são elementos poderosos da linguagem não verbal que conferem credibilidade, emoção e autenticidade ao discurso.

A coerência entre a palavra falada e o corpo que a sustenta, torna a mensagem mais confiável. Um líder que mantém uma postura ereta, firme, com olhar presente e gestos abertos transmite segurança, autoridade e disponibilidade. Por outro lado, uma postura tensa, evasiva ou fechada pode gerar insegurança, distanciamento ou desconfiança, ainda que as palavras sejam positivas.

A verdade é que o corpo comunica o que a fala nem sempre consegue expressar ou aquilo que o discurso tenta esconder. Dessa forma, um líder atento à sua linguagem não verbal exerce uma comunicação mais impactante, criando um ambiente de influência verdadeira.

O LÍDER ESTÁ SEMPRE SENDO OBSERVADO.

Durante todo o tempo em que liderei a agência que criei, tive a consciência de que, ao entrar nela todas as manhãs, eu começava a ser observada pela equipe. As pessoas observam os seus líderes muito mais do que você pode imaginar. E não se trata de uma vigilância formal. Trata-se de uma atenção natural que os colaboradores dedicam a quem ocupa uma posição de referência.

As pessoas costumam observar como o líder chega, como cumprimenta, qual é sua expressão facial, o tom de voz, o ritmo dos passos e, até mesmo, o humor. Pequenos gestos dizem muito e comunicam mais do que qualquer discurso.

Esse olhar atento da equipe revela algo essencial: o líder é um espelho da cultura da empresa e um termômetro do ambiente.

Suas atitudes são interpretadas como sinais do que é aceitável, do que é prioridade, do que está indo bem ou mal. Mesmo quando não está falando, o líder está comunicando e, portanto, influenciando comportamentos. Essa influência silenciosa pode gerar inspiração e confiança, mas também pode gerar dúvidas e distanciamento, se houver incoerência entre o líder e os valores da empresa.

Assim, a consciência sobre a sua expressão corporal se torna um componente fundamental da liderança. Não se trata de representar um papel ou parecer perfeito, mas de ser autêntico, coerente e atento ao impacto da própria postura.

O líder que compreende o peso simbólico da sua figura se torna mais intencional em cada gesto, e essa consciência fortalece a conexão com a equipe, ampliando a sua autoridade frente ao grupo.

O DESAFIO DE FALAR EM PÚBLICO.

Dentro desse contexto está o falar em público, uma habilidade essencial no ambiente corporativo, especialmente para quem exerce ou almeja exercer a liderança. Um líder que se comunica bem inspira confiança, engaja equipes e transmite credibilidade. Essa é uma habilidade que pode ser construída com prática, autoconhecimento e o uso de técnicas adequadas.

No contexto corporativo, o líder é desafiado a realizar reuniões sistemáticas com a sua equipe, apresentar e defender projetos – não apenas para os seus liderados, mas para a organização como um todo –, representar a empresa perante os seus stakeholder, realizar palestras, ministrar cursos, participar de lives, painéis, mesas-redondas e outros. A maneira como o líder se apresenta nessas oportunidades impacta diretamente a sua imagem de líder que exerce autoridade e se comunica com competência.

Hoje, existem muitos conteúdos e programas de treinamento que trazem técnicas e estratégias de apresentação como:

- conheça o público para o qual vai falar;
- planeje e organize o conteúdo da sua apresentação, estruturando-o em três momentos: abertura, desenvolvimento e encerramento;
- mostre que domina o conteúdo, preparando-se e ensaiando quantas vezes for necessário;
- utilize recursos audiovisuais modernos e coerentes com o conteúdo;
- gerencie o tempo do qual dispõe para a apresentação;

- esteja aberto a feedbacks e interações; e
- trabalhe a sua linguagem corporal.

Há poucos dias, participei de um evento com vários palestrantes porque queria muito assistir a um deles – profissional cujos livros já li e que acompanho pelas redes sociais. Ele foi o último a falar, e eu esperei pacientemente. Quando esse profissional entrou no palco, percebi que estava com as mãos nos bolsos, e assim permaneceu até o final da sua palestra. Além disso, ele caminhou de um lado para outro durante a sua fala, olhando para a frente, ou seja, sem nenhum contato visual com o público. Saí dali decepcionada diante da linguagem corporal dele que demonstrava claramente uma desconsideração pelo evento, pela oportunidade que estava tendo e pelas pessoas que o estavam assistindo.

A POSTURA, O CONTATO VISUAL, O TOM DE VOZ E OS GESTOS COMUNICAM TANTO QUANTO AS PALAVRAS.

Isso acontece em uma palestra para um auditório lotado e, também, em uma reunião com a equipe dentro de uma sala qualquer.

Sempre que estiver falando, um líder deve, em primeiro lugar, ocupar o seu espaço em vez de se encolher em um canto da sala, buscar apoio em uma mesa ou se encostar na parede. Os braços jamais devem estar cruzados, até porque ele terá que fazer uso de gestos para que a mensagem seja entregue de forma completa. Quanto aos pés, esses devem estar firmes no chão, lado a lado, e não um sobre o outro. Evitar movimentos repetitivos ou olhar para baixo também são cuidados importantes.

Existem muitas técnicas que podem ser utilizadas para que o líder ganhe a atenção dos seus liderados durante uma reunião como, por exemplo: não falar sentado, ocupar o centro da sala, movimentar-se moderadamente, mudar de posição quando trocar de assunto, olhar para todas as pessoas presentes, entre outros.

Um líder deve, acima de tudo, demonstrar que acredita naquilo que está falando. Afinal, a sua imagem, postura e capacidade de comunicação têm impacto direto nos resultados da equipe e na Cultura Organizacional. Desenvolver essa habilidade não é apenas um diferencial competitivo: é uma exigência do mundo corporativo contemporâneo. Por isso, afirmo que investir em estratégias eficazes de apresentação é investir em liderança influenciadora. Uma delas é a voz.

O TOM DE VOZ TRANSMITE CONFIANÇA E AUTORIDADE.

Você gosta da sua voz? Você costuma se ouvir? Você sabe o que uma voz baixa e uma voz alta são capazes de transmitir?

Considero importante que você saiba tudo o que a voz humana pode provocar, dependendo da sua intensidade. Então, vamos lá:

- **Voz baixa**: transmite tranquilidade, intimidade e proximidade, mas também tristeza e insegurança.
- **Voz alta**: transmite alegria, entusiasmo e felicidade, mas também raiva e agressividade.

Diante das afirmações acima, você deve estar se perguntando: "qual deve ser o tom da minha voz?".

Durante uma reunião ou palestra, e até mesmo em conversas mais longas, alternar a intensidade da voz evita a falta de interesse por parte de quem escuta. Ninguém aprecia uma fala monótona, e o resultado é sempre a perda da atenção do público.

Outro cuidado que o líder deve ter é evitar falar para dentro, porque as pessoas que se expressam dessa forma são consideradas cansativas. Mas veja bem: falar baixo não significa falar para dentro. As pessoas que falam para dentro são aquelas que quase não abrem a boca para falar e, o pouco que abrem, é de forma horizontal. As pessoas que falam para fora são aquelas que articulam bem as palavras, abrindo a boca no sentido vertical.

FALAR EM UM RITMO MODERADO FACILITA A COMPREENSÃO.

Assim como o líder deve alterar a intensidade da voz, baixando-a ou levantando-a de acordo com o assunto e a sensação que deseja provocar, ele também precisa falar em uma velocidade moderada para que todos entendam.

Uma fala moderada tem uma velocidade equilibrada - não é rápida a ponto de atropelar as palavras ou dificultar a compreensão, nem tão lenta que cause impaciência ou distração. Para facilitar a compreensão, uma fala deve:

- permitir pausas naturais, principalmente entre frases e ideias importantes;
- dar tempo ao ouvinte para processar o conteúdo; e
- manter o interesse com variações sutis de ritmo, sem monotonia.

Contudo, dentro do universo da expressão corporal por meio da fala, existe também o silêncio, cuja importância tem sido desconsiderada.

"Assim como na música existe a pausa entre duas notas, na comunicação existe o silêncio entre duas palavras". Como toco piano, essa é uma frase que costumo usar sempre que falo sobre o valor do silêncio.

Para mim, ela revela algo profundo sobre ritmo, presença e significado, tanto na arte quanto na vida, porque na música, a pausa não é ausência: ela é parte da composição. É o que cria ritmo, tensão, expectativa e beleza. Sem pausas, as notas seriam um fluxo ininterrupto e caótico, sem forma nem emoção.

Na comunicação, acontece algo semelhante. O silêncio entre palavras ou frases não deve ser um vazio, mas um espaço de valorização daquilo que está sendo dito, de escuta, reflexão e assimilação. É nesse silêncio que muitas vezes as emoções são sentidas e que o não dito ganha força. O sentido é de ligação, porém silenciosa.

A pausa liga as notas na música, assim como o silêncio liga as palavras no diálogo. O que parece um intervalo pode ser o elemento que dá sentido ao conjunto. Em uma conversa profunda, por exemplo, o silêncio pode comunicar bem mais que um discurso longo, expressando empatia, dúvida, dor ou até cumplicidade.

Por ignorar o valor do silêncio, existem pessoas que preenchem o espaço entre palavras ou frases com sons como "Ã, Ã, Ã, Ã, Ã..." ou "É, É, É, É, É, É...", acreditando ser necessário estabelecer uma conexão sonora.

Isso se classifica como hesitação. É o tempo que o nosso cérebro usa para buscar ou procurar a palavra ou a frase que queremos usar. Um tempo que deve ser ocupado pelo silêncio. Quando o substituímos por um som qualquer, além de tornarmos a nossa fala cansativa para quem a escuta, demonstramos despreparo, insegurança e, até mesmo, medo.

Prestar atenção na fala de uma pessoa que repete sons entre palavras e frases é algo realmente maçante. Há pouco tempo, me programei para assistir a uma live de um publicitário que admiro, mas acabei desistindo nos primeiros 10 minutos, pois ele emitia tantos sons entre as palavras e frases que se tornou impossível compreender o que dizia.

Considero importante citar mais um vício de linguagem, muito comum, que é o uso de expressões como "né?", "ok?", "compreende?" ou "concorda?" no final de cada frase. Existe outra expressão muito usada, também no final de uma frase ou ideia, principalmente por palestrantes, que é: "faz sentido para você?".

Isso se chama "função fática de linguagem", cujo objetivo é estabelecer, manter ou encerrar a comunicação entre os interlocutores. Ou seja, quem está falando não se preocupa com o conteúdo da mensagem, mas com o canal de comunicação – se ele está funcionando e se as pessoas estão conectadas. É uma forma de o apresentador confirmar, a todo momento, se as pessoas estão entendendo e/ou concordando.

Outros exemplos comuns da função fática de linguagem são:

- "alô?" (quando atendemos o telefone);
- "você está me ouvindo?";
- "entendeu?";
- "certo?"; ou
- "tudo bem aí?".

Essas expressões são usadas repetidamente durante a fala não para transmitir uma informação nova, mas para testar ou manter o contato com quem está ouvindo ou lendo. São expressões que tornam a fala desgastante para quem escuta, além de representarem um alto nível de insegurança por parte do emissor.

O silêncio, assim como a pausa na música, não é um vazio, mas um tempo cheio de significado. Ele pode ser o que dá forma, emoção e profundidade tanto à arte quanto ao encontro entre pessoas.

Por fim, vale ressaltar que todos nós, em algum momento, cometemos esses erros de linguagem. Nenhuma comunicação é completamente fluida, a não ser que o líder esteja usando um equipamento de teleprompter. O problema está no excesso.

GESTICULAR É PONTUAR AS PALAVRAS COM GESTOS.

Dentro da postura corporal, os gestos ocupam um papel primordial. Gesticular é mais do que apenas mover as mãos – é uma forma de reforçar a mensagem verbal.

Refiro-me a movimentos voluntários (ou involuntários) do corpo, especialmente das mãos, que acompanham ou substituem palavras. Para um líder, os gestos não são meramente decorativos – eles são instrumentos de influência. Um gesto coerente pode amplificar o impacto de uma mensagem, enquanto gestos inconsistentes ou confusos podem comprometer a credibilidade.

Recentemente, tive a oportunidade de assistir ao musical "MJ", que narra a trajetória de Michael Jackson, na Broadway, em Nova Iorque. Ao final do espetáculo, cheguei à conclusão de que grande parte do sucesso alcançado por esse artista se deve à sua impressionante expressão corporal.

Não pretendo, com isso, minimizar seu talento como cantor. Por ele ser um artista da minha geração, pude acompanhar a sua carreira desde cedo, e sempre me encantei com a beleza da sua voz e sua musicalidade extraordinária. No entanto, acredito que foi justamente sua capacidade única de se expressar por meio do corpo que o colocou em um patamar inatingível para a maioria dos artistas.

Certamente, Michael Jackson nasceu com esse dom e o aprimorou com foco nos seus objetivos de carreira. É claro que nem todas as pessoas têm essa habilidade – e um líder, por exemplo, não precisa necessariamente dominá-la.

Contudo, é preciso ter consciência de que a ausência de gestos pode compor uma imagem negativa. Um líder que não gesticula enquanto fala corre o risco de transmitir uma imagem de contenção emocional, rigidez, ou até distanciamento, dependendo do contexto e do público. Ao mesmo tempo, a ausência de gestos pode afetar significativamente a forma como sua comunicação é percebida, tanto em termos emocionais quanto racionais.

Uma fala mais clara e enfática é o que os gestos proporcionam, porque complementam e ilustram o conteúdo verbal. Eles ajudam o interlocutor a visualizar e compreender melhor conceitos, estruturas ou argumentos que poderiam parecer abstratos. Por exemplo, ao falar sobre crescimento, um líder pode usar um gesto de ascensão com a mão para simbolizar progresso – isso facilita a internalização da ideia.

Gestos expressivos e naturais, por sua vez, tornam o líder mais humano, próximo e acessível. Eles transmitem emoções como entusiasmo, confiança, indignação ou empolgação, tornando a fala mais envolvente.

Um líder que gesticula de maneira coerente e intencional transmite segurança, domínio do conteúdo e controle do ambiente. Gestos bem calibrados passam a mensagem de que ele está convicto do que diz, o que inspira mais confiança por parte da audiência. Na comunicação de uma meta ousada, por exemplo, isso pode ser decisivo para convencer a equipe a trabalhar por ela.

No universo dos gestos, existe ainda a mímica, que significa desenhar com as mãos aquilo que estamos dizendo.

A mímica é mais uma forma de linguagem não verbal que mistura gestos feitos com as mãos, expressões faciais e outros movimentos do corpo, muitas vezes associada ao teatro, à arte do palhaço, além de ser usada em diversas situações do cotidiano.

No caso de reuniões digitais, por exemplo, a mímica pode ser um importante recurso para explicar uma situação ou projeto, complementando aquilo que é dito.

A mímica "hipnotiza" quem está assistindo, quebra a monotonia e auxilia na memorização, além de humanizar a figura do apresentador, porém deve ser usada sem exagero. Quando em reunião com a sua equipe, a minha sugestão é que você faça uso dela com moderação e elegância.

Dependendo do seu grau de timidez ou experiência, é possível que tenha que usar um objeto de apoio. Muitas pessoas, enquanto falam, seguram uma caneta, um papel ou um iPad, o que não é errado e pode ser bem eficaz. Para outras, o passador de slides é suficiente. Com o tempo, você se sentirá em condições de abrir mão desses recursos e fará uso de gestos e mímicas com naturalidade.

Os gestos e as mímicas impedem que a apresentação se torne monótona ou excessivamente técnica, porque "quebram" a linearidade da fala e mantêm a atenção do público, funcionando quase como recursos visuais embutidos no corpo. Em uma palestra, por exemplo, o uso dos braços, mãos e expressões corporais torna o conteúdo mais fluido, memorável e impactante. Não se trata de encenar, mas de usar o corpo como extensão da mente e da voz.

Líderes que dominam essa linguagem silenciosa ampliam o seu poder de influência e conquistam a atenção do público.

Gestos viciados "sujam" as palavras, e devem ser evitados ao máximo. Estou me referindo a movimentos com as mãos que possam sugerir agressividade ou obscenidades. Outros movimentos que parecem menos inofensivos, como passar a mão na cabeça ou apertar uma mão contra a outra, quando repetidos incessantemente, também prejudicam a fala e o seu entendimento.

A ATENÇÃO É O BEM MAIS DESEJADO.

Como você pode ver, a capacidade de atenção por parte do colaborador durante uma conversa com o líder depende de uma série de fatores e características. Em uma palestra ou reunião, estudos científicos apontam que o tempo médio de concentração sustentada diante da apresentação varia entre 10 e 20 minutos.

Dois estudos foram realizados na Escócia sobre esse assunto.

Johnstone & Percival (1976) e Stuart & Rutherford (1978) observaram estudantes durante palestras e perceberam que a atenção começava a cair drasticamente por volta dos 10 a 15 minutos após o início, mesmo em apresentações bem preparadas.

Mais recentemente, com as mudanças tecnológicas e o aumento de distrações digitais, estudos sugerem que a capacidade de atenção pode ser ainda menor, especialmente em ambientes não interativos.

Você deve estar se perguntando: "o que acontece depois desse tempo?". A resposta não é nada animadora: a atenção diminui gradualmente com lapsos cada vez mais frequentes. Porém, o problema maior está na retenção das informações: ela cai mesmo que a pessoa ainda pareça estar prestando atenção.

Isso ocorre porque o cérebro busca estímulos diferentes para se manter engajado, o que pode levar à distração com o ambiente, celular ou pensamentos aleatórios.

Quando a apresentação é densa, com muito conteúdo e, principalmente, com excesso de siglas, números e gráficos, acontece a fadiga cognitiva, considerada inevitável nessas situações. Por isso, é importante que, mesmo em uma simples reunião com a equipe, o líder se preocupe em preparar uma apresentação com estímulos como exemplos, vídeos e outros recursos, além de levar em consideração as técnicas e estratégias comentadas acima.

Nas palestras que realizo, costumo utilizar recursos audiovisuais – um deles é apresentar vídeos com cases e exemplos a cada 20 minutos. Mesmo assim, sempre que percebo desconexão por parte do público, uso a seguinte técnica de apresentação: caminho três passos para a frente, diminuo a voz e conto uma história. Quando faço isso, as pessoas se reconectam comigo (por meio da história) e, quando sinto que elas estão prestando atenção novamente, volto para a posição anterior e levanto a voz.

Embora tenhamos a tendência de pensar que devemos levantar a voz para chamar a atenção do público, é baixando-a que isso acontece. Quanto à história, pode ser algo que você leu, assistiu, presenciou ou experienciou, desde que tenha coerência e complemente o conteúdo sobre o qual está falando.

Ainda sobre a postura corporal, é imprescindível lembrar que

A TELA TAMBÉM FALA.

Hoje, com as reuniões on-line em função dos novos formatos de trabalho ou da dimensão das empresas, com muitas unidades, a interação digital é uma realidade, tendo se configurado como uma extensão do espaço de atuação da liderança. Nesse cenário, o modo como o líder se apresenta diante da câmera é parte integrante da sua linguagem não verbal, tão importante quanto em uma sala física.

Vivemos a comunicação digital já há alguns anos, e ainda existem líderes que não abrem a câmera durante uma reunião com um ou mais liderados, usando as mais diversas desculpas. Entre outras mensagens negativas, líderes que agem dessa forma estão demonstrando desrespeito pela equipe.

Dependendo da postura do líder, a câmera ligada pode transmitir atenção, interesse, respeito e autoridade, ao mesmo tempo em que pode mostrar desânimo, impaciência ou desorganização.

A forma como o líder senta-se, o contato visual com a câmera, a expressão facial, o tom de voz, a postura ereta ou relaxada demais, a movimentação das mãos e até a organização do ambiente ao fundo – tudo comunica.

Em um ambiente adequado ou na frente de um fundo de tela que represente a empresa (melhor ainda se tiver os elementos da sua Cultura), o líder manter-se presente, com o corpo voltado para a tela, olhar focado e expressões que demonstrem escuta ativa, é essencial para que a equipe se sinta importante e valorizada.

A postura em reuniões digitais exige ainda mais disciplina, uma vez que as distrações são maiores e a atenção do grupo é mais frágil. Um líder que não liga a câmera, que fala olhando para o lado, que se mostra desatento ou disperso, transmite total desinteresse. Essa falta de presença enfraquece sua autoridade e sua capacidade de conexão.

Aqui, o importante é ter consciência de que mesmo mediado pela tecnologia, o corpo continua falando e, a equipe, escutando.

Encerro esta abordagem sobre o poder da postura de um líder com uma pergunta:

O QUE UM SORRISO PODE DIZER POR VOCÊ?

Um sorriso, embora seja algo muito simples, é uma das expressões mais significativas da comunicação não verbal. No universo da liderança, ele pode ser uma ferramenta estratégica e transformadora.

Líderes confiantes costumam sorrir com naturalidade, mesmo em situações desafiadoras. Isso não significa banalizar dificuldades, mas transmitir segurança e estabilidade. Um sorriso calmo pode ser lido como:

- "estamos enfrentando um problema, mas vamos superá-lo juntos".

Sabemos que a liderança eficaz se comunica mesmo sem palavras – e o sorriso é, muitas vezes, uma mensagem positiva silenciosa da qual a equipe necessita.

- "Posso ajudá-lo?".
- "Conte comigo".
- "Seja bem-vindo".
- "Obrigado pela dica".
- "É bom ter você na equipe".

São muitas as frases que um sorriso sincero representa, e o líder pode fazer uso dele com frequência, até que se torne um hábito.

Desenvolver um hábito significa repetir um determinado comportamento de maneira consistente até que ele se torne automático. No início, a ação exige esforço consciente, planejamento ou motivação. Mas, com o tempo e a repetição, ela passa a ocorrer quase sem esforço.

Um sorriso autêntico transmite receptividade. Para líderes, sorrir com frequência significa parecer mais acessível e humano. Um sorriso pode, também, diminuir barreiras hierárquicas e produzir confiança, um item que, geralmente, está intrínseco nos valores da empresa.

Por fim, vale ressaltar que os colaboradores tendem a se sentir mais confortáveis para compartilhar ideias ou pedir ajuda quando percebem abertura na linguagem corporal do líder, e o sorriso pode ser o grande protagonista disso.

Nunca esqueça que os sinais não verbais revelam como nos sentimos e o que pensamos sobre nós mesmos.

A POSTURA INFORMATIVA.

Utilizei durante anos, nas minhas palestras para lideranças, uma cena marcante do filme Tempos Modernos (1930), de Charles Chaplin: o operário que realiza movimentos repetitivos, sem saber por que ou para quê. Usei essa cena como metáfora para mostrar que, ainda hoje, em muitos contextos corporativos, especialmente na indústria de base, existem pessoas que exercem sua função sem terem clareza sobre o que estão produzindo, a quem servem ou qual o impacto do seu trabalho no mundo.

Isso revela que a falta de informação não é apenas uma lacuna comunicacional – é um gerador de alienação, apatia e falta de engajamento. E, nesse cenário, o líder pode e deve agir.

A informação é uma responsabilidade da empresa, porém o desafio e a obrigação de repassá-la para o pessoal de base, em primeiro lugar, é do líder. Os canais e as campanhas internas são as vias que complementam o processo.

O líder desempenha, portanto, um papel fundamental como primeiro e principal canal de Comunicação Interna. Isso ocorre não apenas pela necessidade estratégica da organização de manter seus colaboradores informados, mas também pela forte expectativa que as equipes têm em relação a isso.

Trata-se de um caminho sem volta: quanto mais a empresa investir em uma comunicação eficiente e transparente, maior será a expectativa dos colaboradores por informações relevantes, consistentes e em tempo hábil. Por isso, é fundamental que o líder entenda que:

INFORMAR É MAIS DO QUE UMA PRÁTICA –
É UM POSICIONAMENTO CULTURAL.

A empresa que quer consolidar uma Cultura forte e engajadora precisa investir na informação como recurso estratégico. E o líder é peça-chave nesse processo.

Cabe ao líder assumir uma postura informativa, levando em consideração que uma informação, no ambiente corporativo, é sempre decorrente de uma decisão, iniciativa ou fato. Exemplos:

- **Decisão** – quando a empresa toma a decisão de construir mais uma unidade, deve comunicá-la para o público interno e, se possível, permitir que ele acompanhe o processo da obra até a data da inauguração.
- **Iniciativa** – quando a empresa cria um benefício diferenciado, está tendo uma iniciativa em prol dos seus colaboradores que precisa ser comunicada a eles.

- **Fato** – quando a empresa recebe um prêmio (fato positivo) ou acontece um acidente de trabalho nas suas dependências (fato negativo), tem que se posicionar sobre ambos os fatos por meio da comunicação.

Mesmo possuindo canais de Comunicação Interna, a empresa precisa contar com os seus líderes para a comunicação de uma decisão, iniciativa ou fato.

É o líder que repassará a informação de forma a influenciar os seus liderados. Estes, por sua vez, terão uma percepção positiva ou negativa em relação à informação que receberam, dependendo da performance do líder como comunicador.

A verdade é que ninguém gosta do que não conhece, ninguém contribui com o que não entende e ninguém luta por um objetivo que desconhece. Esse é o papel da informação dentro da relação líder-liderado: uma energia que move o engajamento.

Antes de repassar uma informação, o líder deve perguntar a si mesmo o quanto domina aquele conteúdo e se tem condições de repassá-lo aos seus liderados com segurança, clareza e de forma inspiradora.

Quando instrumentalizado por pautas informativas, é básico que o líder leia o seu conteúdo e faça as seguintes perguntas:

- Estou seguro em relação às informações que recebi e que devo repassar?
- Tenho condições de explicá-las com clareza para a minha equipe?
- Com qual profissional ou em que área posso buscar mais informações?

Outro ponto a ser levado em consideração é que, na Comunicação Interna, a informação precisa ser uma verdade, sob pena de colocar em risco a credibilidade do líder e, principalmente, da empresa.

A INFORMAÇÃO + A EXPLICAÇÃO DA INFORMAÇÃO.

Aqui, é importante você saber que as pessoas querem mais do que a informação – elas desejam a explicação da informação.

Como informação, entenda:

- O quê?
- Qual é a decisão?
- Qual é a iniciativa?

Como a explicação da informação, entenda:

- Por quê?
- Quando?
- Como?
- Quais são as consequências?

As pessoas querem saber, principalmente, de que forma aquela informação afetará a sua vida na empresa. Por isso, um líder tem que ter sempre em mente a necessidade de entregar a explicação da informação.

Quando um líder compartilha informações sobre o negócio, explica os desafios da área, contextualiza as decisões, traduz metas corporativas para a realidade da equipe e mostra o impacto de cada função no resultado, ele está construindo engajamento real, não forçado. Está criando conexão com significado.

Imagine uma equipe que não sabe quais são as metas do setor, que desconhece os resultados do trimestre e que executa tarefas sem saber sua finalidade. Ela não está apenas mal-informada, mas exercendo o seu trabalho sem um sentido.

Sem informação não existe pertencimento. Sem pertencimento, não existe engajamento. Quando a pessoa toma conhecimento da real situação da empresa, ela sente-se com mais condições de participar e contribuir.

É nesse ponto que a postura informativa se diferencia de uma liderança meramente técnica e diretiva. O líder informativo não é aquele que só avisa o que será feito. Ele cria contexto, compartilha aprendizados, promove conversas e gera experiências.

A postura informativa também tem um papel decisivo na construção da confiança, principal ativo da liderança. Um ambiente onde há clareza sobre decisões, objetivos e resultados é um ambiente em que as pessoas se sentem respeitadas e valorizadas.

Por outro lado, quando a informação é fragmentada, esporádica ou manipulada, instala-se a desconfiança e, com ela, a insegurança e os boatos tão nocivos ao clima organizacional.

Em tempos em que "produzir conteúdo" se tornou uma habilidade valiosa nas redes sociais, é hora de os líderes entenderem que o conteúdo mais importante que podem gerar é aquele que dá sentido ao trabalho de suas equipes. Porque liderar é, antes de tudo, informar com intenção, propósito e verdade.

A POSTURA MOTIVACIONAL.

Quando me perguntam como motivar e engajar colaboradores, sempre digo que existem quatro estratégias ou caminhos:

- A informação.
- A integração.
- O reconhecimento.
- A celebração.

O líder que informa, integra, reconhece e celebra terá colaboradores engajados e motivados na sua equipe.

Muito se fala sobre técnicas de motivação, campanhas internas, bônus, eventos e discursos inspiradores. Porém, na prática, o que mais influencia a motivação de uma equipe é a postura cotidiana do seu líder. Não se trata de grandes atos heroicos, mas da sua capacidade de informar, integrar, reconhecer e celebrar.

Acabei de defender a importância de uma postura informativa. Agora, você terá acesso a várias considerações sobre a importância da integração, do reconhecimento e da celebração.

Contudo, vale repetir que líderes que mantêm contato visual, que ouvem com atenção, que não interrompem, que caminham com altivez e se posicionam de forma aberta e receptiva, transmitem uma energia positiva que contagia todos à sua volta. Esses pequenos gestos sinalizam o seguinte:

- "Estou presente. Você pode contar comigo".
- "Eu me importo com você".
- "Quero escutar o que você tem a dizer".

Por outro lado, líderes que estão sempre com os braços cruzados, semblante tenso, olhar disperso, celular na mão enquanto o colaborador fala – mesmo sem pronunciar uma palavra, estão dizendo:

- "Não tenho tempo para você".

O líder é um referencial de conduta, atitude e propósito. A forma como ele age, reage e se posiciona é observada e absorvida diariamente pelos seus liderados. É justamente aí que nasce, ou morre, a motivação de uma equipe.

Durante mais de 20 anos à frente de uma agência de Endomarketing, trabalhando para grandes empresas, era comum eu chegar em um cliente e encontrar uma equipe desmotivada, triste e sem energia. Um ou dois meses depois, eu voltava nessa mesma empresa e me deparava com a mesma equipe, porém totalmente motivada e cheia de energia. O que havia mudado? O líder. Um profissional com energia positiva, daqueles que gosta e sabe lidar com pessoas, tinha assumido aquela equipe e a colocado "para cima".

RECONHECER, RECONHECER E RECONHECER...

Acredito que quando há energia, há capacidade de reconhecer e, principalmente, de elogiar.

Entre todos os fatores que influenciam o engajamento e a motivação dos colaboradores, o reconhecimento profissional é, sem dúvida, um dos mais potentes e, também, um dos menos praticados.

Em um mundo corporativo pressionado por metas, dados e entregas, é comum ver líderes focados em corrigir erros, apontar falhas e exigir resultados, esquecendo-se de um dos princípios básicos da natureza humana: as pessoas precisam se sentir valorizadas para continuar dando o melhor de si.

O reconhecimento é mais do que um agrado. É um recurso estratégico de motivação, capaz de impulsionar comportamentos positivos.

Neste contexto, existe uma confusão entre "reconhecimento" e "recompensa". Embora ambos possam andar juntos, eles não são a mesma coisa.

- **Recompensa** é algo pontual, geralmente material, como bônus, prêmios e aumento.
- **Reconhecimento** é algo contínuo, relacional e emocional. Pode (e deve) acontecer todos os dias.

Dizer "obrigado", elogiar um bom trabalho, reconhecer o esforço mesmo quando o resultado não foi o ideal, valorizar uma ideia compartilhada ou lembrar de mencionar um colaborador em uma reunião – tudo isso é reconhecimento.

Quando penso sobre a minha história de vida, tenho a certeza de que as minhas conquistas são fruto dos elogios que recebi dos meus pais, dos professores e dos líderes que tive. Por isso, tenho como hábito, dizer que o elogio é capaz de mudar o mindset de uma pessoa, colocando-a em um patamar superior.

O elogio, quando verdadeiro e específico, além de ter um efeito imediato, reforça comportamentos positivos, aumenta a autoestima e motiva a pessoa a continuar fazendo a diferença.

A seguir estão alguns exemplos de frases elogiosas:

- "Que bela apresentação você acabou de fazer: clara, objetiva e com um ótimo conteúdo".
- "A forma como você tratou aquela questão delicada, ontem, demonstrou a sua maturidade. Obrigado por contribuir para que tenhamos um clima cada vez mais saudável".
- "Você tem buscado soluções antes mesmo de ser solicitado. A sua proatividade tem feito a diferença".

Todavia, é importante que você não veja esses elogios como forma de bajulação, e sim como reconhecimento com intenção.

Quando o líder sabe "o que" e "por que" está elogiando, o colaborador se sente prestigiado e pertencente. Em contrapartida, a ausência de reconhecimento tem um efeito corrosivo no ambiente corporativo. Quando bons esforços passam despercebidos, tudo vira "obrigação" e somente os erros ganham atenção, dando início a um contexto de silêncio, frustração e invisibilidade.

Nesse caso, é impossível que as pessoas não comecem a pensar:

- "Será que não estão vendo o quanto estou alinhado com a Cultura?".
- "Estou trabalhando totalmente focado na estratégia. Por que será que não percebem a minha contribuição para o negócio?".
- "Será que o meu esforço está valendo a pena?".

É dentro desse tipo de ambiente que a motivação e o engajamento dão lugar ao conformismo e a acomodação.

Reconhecer é liderar com humanização. Afinal, quanto custa uma salva de palmas? Líderes realmente influenciadores não tratam o reconhecimento como uma responsabilidade da área de Gestão de Pessoas, e sim como algo que escolhem praticar na sua área de forma intuitiva e constante.

Resumindo, o reconhecimento é a forma mais simples e poderosa de dizer:

- "Eu vejo você".
- "Eu escuto você".
- "Eu valorizo o que você faz".

É assim que são construídas equipes mais seguras, comprometidas e humanas, independentemente das diferentes gerações que estiverem trabalhando nelas.

CELEBRAR, CELEBRAR E CELEBRAR...

Assim como o reconhecimento, a celebração é um dos pilares mais importantes para a manutenção da motivação e do engajamento dos colaboradores ao longo do tempo. Empresas que incorporam o hábito de celebrar conquistas – grandes ou pequenas – criam ambientes mais humanos e emocionalmente saudáveis.

Celebrar não é apenas aplaudir um bom resultado, é validar o esforço, reforçar comportamentos positivos e construir um senso coletivo de conquista. Quando uma organização sabe celebrar, ela comunica aos seus colaboradores que cada passo conta, que cada meta alcançada tem valor e que ninguém está sozinho na jornada.

Dentro do dia a dia do líder influenciador, o ideal é que a celebração não seja um evento pontual, mas um hábito. Isso cria consistência emocional, o que é vital para a retenção de talentos e o fortalecimento de vínculos.

Embora metas e indicadores sejam importantes, a motivação diária se alimenta de estímulos emocionais positivos, como o sentimento de pertencimento e a valorização contínua. Celebrar é lembrar as pessoas, com frequência, de que elas estão no caminho certo e que os resultados conquistados são decorrentes do esforço de cada um.

Porém, celebrar pressupõe apenas grandes eventos. Muitas vezes, os líderes confundem celebração com grandes festas ou premiações formais. Embora esses momentos tenham seu valor, o que realmente faz diferença é a celebração cotidiana e genuína que trabalha fortemente o merecimento.

- Um agradecimento público em uma reunião.
- Um e-mail destacando a contribuição de um colaborador.
- Um gesto simbólico, como um café para a equipe após uma entrega difícil.
- Um espaço mensal para compartilhamento de conquistas pessoais e profissionais.

Essas são práticas de gestão que representam celebração no real sentido da palavra. Quando a celebração é incorporada à rotina, ela deixa de ser algo reativo e passa a ser estratégico, ou seja, se transforma em um dos caminhos para a motivação.

Líderes atentos a isso buscam oportunidades intencionais para reconhecer avanços e comemorar aprendizados, e não apenas os resultados. Isso cria um ambiente no qual o progresso contínuo é percebido e valorizado.

Celebrar continuamente reforça a cultura, porque evidencia a importância que a empresa dá para as pessoas. Em um mercado cada vez mais competitivo, são as organizações que conseguem equilibrar performance com humanidade que alcançam níveis superiores de motivação e engajamento.

INTEGRAR, INTEGRAR E INTEGRAR...

A motivação dos colaboradores não está somente ligada aos movimentos de reconhecimento e celebração promovidos pelo líder. Existe um terceiro fator de extrema importância que é a integração e que envolve a conexão entre pessoas, áreas e, especialmente, a integração da pessoa com a empresa, que nada mais é do que o alinhamento entre indivíduo e Cultura vigente.

Quando se fala em integração do público interno, é comum as pessoas imediatamente pensarem em eventos pontuais, como festas corporativas de final de ano, comemoração do Dia da Família e outras ocasiões festivas. Embora esses momentos sejam importantes para criar conexões informais, a verdadeira integração vai muito além das celebrações esporádicas.

A integração genuína acontece, sobretudo, no dia a dia das relações de trabalho. É um processo contínuo, que depende da construção diária de vínculos sólidos, da troca constante de informações e da colaboração efetiva entre as pessoas. Nesse contexto, o líder desempenha um papel absolutamente central e decisivo, assumindo a posição de protagonista e influenciador dessa integração.

Reforço essa ideia afirmando que a integração dentro de uma empresa não é algo que acontece de forma automática; é uma construção contínua que depende da atuação consciente e estratégica dos líderes.

O líder influenciador não atua apenas dentro da sua própria área ou equipe; sua influência transcende fronteiras departamentais, alcançando setores adjacentes e criando uma rede de relações que fortalece a Cultura Organizacional.

Ao estimular essa integração transversal, o líder ajuda a quebrar silos, que são grandes barreiras para a inovação e para o fluxo eficiente de trabalho.

Ao mesmo tempo, quando entende a importância da integração em todos os níveis, o líder tem a oportunidade de criar um ambiente no qual os colaboradores compreendem não apenas suas responsabilidades individuais, mas também como suas ações impactam outras áreas e a organização como um todo.

Portanto, use a informação, a integração, o reconhecimento e a celebração como estratégias para a motivação e o engajamento das pessoas que você lidera.

PAISAGEM DA COLABORAÇÃO

Você deve ter percebido que, neste livro, estou usando a palavra "colaborador". No entanto, durante muito tempo fui contra esse termo por ver as empresas o adotando e, com essa atitude isolada, acreditando estar fazendo Endomarketing.

Isso aconteceu na década de 1990, quando as empresas se empenharam na absorção de novos conceitos e técnicas de gestão. Uma das grandes mudanças dessa época foi exatamente deixar de chamar o empregado de funcionário e passar a chamá-lo de colaborador. E como colaborador, o empregado passou a ter um grau de importância maior, se não na prática, pelo menos no discurso dos líderes empresariais.

Um psicólogo de Harvard, chamado Jerome Brunner, escreveu: "é mais comum representarmos um determinado conceito do que agirmos de acordo com ele".

Da mesma forma, é mais fácil representarmos um sentimento do que vivê-lo no nosso dia a dia.

Talvez por isso, ao longo de muitos anos, as empresas tenham se restringido a dizer que o seu público interno era importante, mas sem necessariamente demonstrar esse conceito na prática.

Dentro da minha contrariedade em relação ao termo colaborador, eu tinha a crença de que um empregado não "colabora", ou seja, não apenas contribui com algo. Cabe a ele realizar o seu trabalho do início ao fim, responsabilizando-se pelo resultado. Afinal, estou falando da relação empresa-empregado, que também representa a relação capital-trabalho. Por isso, sempre considerei a palavra "empregado" a mais adequada.

Porém, o ser humano está em constante evolução e, dentro desse processo, pensamentos tornam-se ações, ações tornam-se hábitos e hábitos determinam uma Cultura Organizacional.

Quando a virada do milênio se aproximou, surgiu a chamada "era da colaboração", com o reconhecimento de que a cooperação entre pessoas, organizações, e até países, precisava ser intensificada.

Com a internet, redes sociais e plataformas de trabalho colaborativo, tornou-se possível a colaboração em tempo real, mesmo as pessoas estando em empresas, cidades, estados e países diferentes. Isso ampliou as possibilidades de cooperação global. Foi nesse momento que a colaboração passou a ser um dos valores mais utilizados pelas empresas.

Ao mesmo tempo, a ascensão da chamada economia colaborativa como Uber, Airbnb, coworkings, entre outros, nos mostrou como o compartilhamento de recursos, espaços e serviços vem sendo valorizado em vez da posse exclusiva.

As pessoas hoje formam redes de interesse, aprendizado e trabalho. A inteligência coletiva passou a ser mais importante que a individual e, como especialista em Comunicação Interna e Endomarketing, comecei a aceitar o termo colaboração dentro do que considero uma mudança de mentalidade: em vez de competir o tempo todo, as pessoas constroem juntas a realidade das empresas.

Apesar da predominância da palavra "colaborador", nas minhas andanças pelas empresas, encontrei vários outros termos utilizados para definir público interno como, por exemplo, associado, integrante ou parceiro. Hoje, estamos convivendo com termos mais modernos, alguns no coletivo, como Time de Águias, Itubers, Realizers e Vivo Lovers.

Assim, passei a usar tanto empregado quanto colaborador, e a minha sugestão é de que você encontre o melhor termo para se dirigir aos seus liderados, de acordo com a Cultura da empresa em que atua.

É neste contexto de evolução que entra a liderança colaborativa, um dos pilares fundamentais da chamada era da colaboração, que representa uma mudança profunda na forma como o poder, a influência e as relações são exercidas dentro das organizações e da sociedade.

LÍDER COLABORATIVO É AQUELE QUE ATUA COMO FACILITADOR, CONECTOR E INSPIRADOR.

Quando chamo o líder de "colaborativo", estou me referindo a um modelo de liderança que valoriza a cooperação, o diálogo e a construção conjunta de soluções, em vez do controle rígido, da autoridade vertical ou da imposição de ordens.

Essa forma de liderar está alinhada aos valores da era da colaboração, em que a complexidade dos problemas exige diversidade de pensamento, inteligência coletiva e participação ativa de todos.

Entre os comportamentos e as práticas do líder colaborativo, além de todas as já citadas nos capítulos anteriores, estão:

- criar espaços seguros para que todos se expressem;
- promover reuniões e eventos participativos;
- valorizar ideias vindas de qualquer nível hierárquico;
- aceitar que as pessoas tenham visões diferentes;
- incentivar a cocriação;
- facilitar a construção coletiva; e
- levar em consideração a diversidade de opiniões antes de tomar uma decisão.

A liderança colaborativa se tornou importante em função das organizações estarem mais horizontais, as equipes mais distantes geograficamente e as novas gerações mais conscientes e exigentes, além da alta demanda das empresas por respostas ágeis, criativas e compartilhadas.

No entanto, na era da colaboração também existem desafios, e não são poucos. Em primeiro lugar, colaboração não significa ausência de liderança.

É comum confundirmos colaboração com falta de direção, porém o líder colaborativo continua sendo responsável por orientar, tomar decisões difíceis quando necessário e garantir o alinhamento.

A colaboração demanda mais tempo do líder. Escutar a todos e construir consensos é, certamente, um processo mais lento, o que pode ser angustiante para o líder. Em contrapartida, os resultados tendem a ser mais sustentáveis e duradouros.

Outro desafio é o fato de que nem todos os ambientes estão preparados para processos colaborativos. Em culturas mais autoritárias e rígidas, esse modelo encontrará resistência, o que não significa que o líder deva ignorá-lo. Mesmo dentro de uma Cultura que ainda não evoluiu, o líder pode criar, dentro da sua área, um contexto mais moderno e humano.

COLABORAR É INFLUENCIAR.
INFLUENCIAR É COLABORAR.

Aqui, podemos associar a liderança colaborativa à liderança influenciadora. Para mim, essa é a expressão mais atual e evoluída da liderança em uma era na qual as pessoas querem colaborar, mas, ao mesmo tempo, desejam ser influenciadas por meio da presença, da orientação e do apoio do líder.

Trata-se de um modelo que valoriza as pessoas tanto quanto os resultados (que são importantíssimos para as empresas), transformando colaboradores de todos os níveis em protagonistas do processo.

LIDERAR COM OS OUTROS, E NÃO SOBRE OS OUTROS.

Em um mundo no qual ninguém mais detém todas as respostas, liderar dessa forma tornou-se uma necessidade estratégica e humana.

PAISAGEM DA INTENÇÃO

Nos últimos anos, tem se tornado cada vez mais comum ouvirmos a expressão "fazer com intenção". Eu mesma estou usando essas palavras em várias partes deste livro.

Antes, "intenção" era uma palavra restrita a círculos filosóficos, espirituais ou terapêuticos. Hoje, se espalha por diversos contextos – da liderança à criação artística, da educação ao cotidiano doméstico.

Mas o que, de fato, significa agir com intenção? Por que esse conceito ganhou tanta relevância em nossa época?

INTENÇÃO É A CONSCIÊNCIA QUE ORIENTA A AÇÃO.

Agir com intenção é mais do que simplesmente agir. É imprimir consciência ao ato. Significa estar presente, saber o porquê de uma escolha, estar atento ao impacto que ela pode causar e alinhá-la com valores pessoais, propósitos ou objetivos maiores. É o oposto de agir no modo automático, reativo e impulsivo.

Enquanto o hábito opera no plano da repetição, a intenção opera no plano do significado. O que quero dizer é que uma simples ação como, por exemplo, escrever uma mensagem para a equipe, pode carregar pesos muito diferentes dependendo da intenção por trás dela.

Acredito que a expressão "agir com intenção" tenha se tornado muito usada porque vivemos uma era marcada pelo excesso de estímulos, velocidade e distração. Redes sociais, múltiplas tarefas e agendas lotadas nos colocam, frequentemente, em um estado de resposta automática. Nesse cenário, "agir com intenção" surge quase como um antídoto à alienação. É uma tentativa de resgatar o sentido e recuperar o protagonismo sobre as nossas próprias ações.

Além disso, a busca por autenticidade, bem-estar emocional e conexão mais profunda com os outros e consigo mesmo impulsiona a valorização desse conceito. A intenção passou a ser vista como um critério de verdade: não apenas "o que" alguém faz, mas "como" faz.

MESMO SILENCIOSA, A INTENÇÃO MOLDA O GESTO.

A intenção está no tom de voz, no olhar, na escolha das palavras, na postura corporal, na forma como nos relacionamos com os outros e com o tempo. Uma prática com intenção não precisa ser perfeita – mas tem que ser íntegra. No caso da liderança, a intenção tem que estar sempre conectada ao propósito e aos valores da empresa.

Um líder que conduz a equipe com intenção é aquele que não age apenas por interesse próprio, mas pela Cultura Organizacional.

Na arte, criar com intenção não é só buscar o aplauso, mas comunicar algo que tem sentido para quem cria. No cotidiano, preparar uma refeição com intenção pode ser um gesto de cuidado com a família.

Entre as minhas atividades atuais, está participar dos eventos internos realizados, entre eles, o "Recarga Criativa", momento no qual um palestrante convidado fala sobre um tema da atualidade.

Recentemente, o convidado foi um dos dez economistas que mais acertam nas suas avaliações e previsões no nosso país. Estou contando isso porque, no final da sua palestra, fiz uma pergunta a ele com intenção. Perguntei algo sobre o que eu já sabia a resposta. Mesmo assim, o questionei porque queria que ele, enquanto autoridade no assunto, explicasse o tema para a equipe.

Por ser algo complexo, que impacta o nosso negócio, aproveitei o momento da palestra para fazer com que os colaboradores da Happy recebessem a informação clara e completa de um economista. Portanto, ao realizar a pergunta, eu tinha uma intenção definida.

Mais do que um jargão moderno, o "comunicar com intenção" se tornou um diferencial real no modo como líderes impactam seus liderados.

COMUNICAR COM INTENÇÃO OU APENAS COMUNICAR?

Vivemos cercados de mensagens faladas, escritas, digitadas e publicadas. Ao longo deste livro, ficou claro o quanto comunicamos com palavras, gestos, silêncios e outros fatores. Mas será que, nesse fluxo contínuo, estamos, de fato, nos conectando com os outros? Ou apenas transmitindo ruídos?

A ideia de "comunicar com intenção" surge como um convite a sair do automático e trazer mais consciência, clareza e responsabilidade ao modo como nos expressamos.

Comunicar com intenção é alinhar a forma e o conteúdo da mensagem ao propósito da comunicação. Foi o que fiz ao perguntar algo sobre o que eu já sabia a resposta, mas queria que a equipe a ouvisse de um economista. O "pensar" antecede o "agir". Antes de realizar a pergunta, pensei no que pretendia gerar com a resposta, qual seria o impacto dela nos colaboradores e por que era importante que eles recebessem esse conteúdo.

Uma intenção pode ter várias naturezas: informar, inspirar, acolher, provocar reflexão, corrigir uma rota, estabelecer limites, tomar decisões etc. O problema é que, muitas vezes, não paramos para identificar esse propósito – e então caímos em reações impulsivas, falas defensivas ou silêncios disfuncionais.

LIDERAR COM INTENÇÃO SIGNIFICA
CONDUZIR COM CLAREZA DE PROPÓSITO.

É fazer escolhas que não são apenas reativas, mas alinhadas aos valores da empresa e ao impacto desejado. Um líder intencional não se move apenas pelo que é urgente, mas pelo que é essencial. Ele não responde apenas à pressão externa, mas age a partir de um centro interno bem definido. Essa intenção se traduz em perguntas como as seguintes:

- Por que estou tomando esta decisão?
- O que eu desejo construir a longo prazo com esta ação?
- Como isso se alinha com a Cultura da organização?
- Qual é o impacto real sobre as pessoas envolvidas?

Considero importante destacar, também, que agir com intenção não é o mesmo que tentar controlar tudo.

A intenção é bússola, não é garantia. Ela não prevê resultados, mas orienta o caminho. Nesse caso, podemos dizer que "intenção é estratégia", uma vez que compõe o caminho para se atingir algo maior.

Obviamente, é possível agir com intenção e ainda assim errar, recuar e se frustrar. Isso faz parte do processo da comunicação em qualquer nível. O valor está na lucidez do fazer com intenção.

Fazer com intenção é um convite à presença do líder junto à sua equipe de corpo e alma. Um chamado para que as suas ações deixem de ser apenas reações e se tornem expressões mais autênticas do que realmente representa como influenciador da Cultura Organizacional.

11

FELICIDADE
O RESULTADO DE UMA CULTURA FORTE

ESCRITO PELA DIRETORA DE PLANEJAMENTO E CONTEÚDO DA HAPPYHOUSE, KERLIN ESCOBAR DUTRA

Escrever este capítulo representa, para mim, um gesto de coerência com tudo o que vivi e construí ao longo dos mais de 25 anos de carreira dedicados à comunicação e à Cultura Organizacional.

Esta jornada me proporcionou aprendizados transformadores, que sustentam a minha convicção de que a felicidade no trabalho é um tema legítimo e necessário.

O conteúdo que apresento a seguir nasce da escuta ativa, da interação com líderes e equipes e da experiência em contextos desafiadores, que exigiram empatia, respeito e decisões humanas.

Com clareza e propósito, acredito que a Felicidade Corporativa é uma construção intencional e essencial para organizações sustentáveis. Por isso, contribuir com essa obra é mais do que um convite profissional: é um reflexo da forma como escolhi atuar no mundo.

VALORES ORGANIZACIONAIS NA PRÁTICA: UMA HISTÓRIA REAL.

Começo esse tema com um caso prático vivido por um executivo de uma empresa com mais de um século de história e presença em mais de 160 países. Essa narrativa evidencia a conexão crucial entre a Cultura Organizacional e as atitudes de um líder.

Porém, antes de contar a história, é importante apresentar os valores que orientam o modo de ser e de fazer dessa corporação:

- **Respeito** – tratamos os outros da maneira como gostaríamos de ser tratados.
- **Integridade** – colocamos a honestidade, a responsabilidade e a ética em primeiro lugar.
- **Inclusão** – nos esforçamos para criar um ambiente onde todos se sintam incluídos, independentemente de nossas diferenças.
- **Inovação** – buscamos constantemente desenvolver, melhorar e crescer de forma sustentável.
- **Excelência** – buscamos aprimorar continuamente nossos produtos e serviços, a fim de entregá-los com urgência e execução impecável.

O caso trata de um processo seletivo no qual uma candidata se destacou em todas as fases. Suas habilidades estavam alinhadas às expectativas do gestor, sua comunicação era clara e ela tinha uma boa experiência no segmento. Tudo indicava que a contratação estava definida até que, na última entrevista, ela compartilhou algo que o executivo não esperava.

Com honestidade, contou que precisaria realizar uma cirurgia nos meses seguintes e que ficaria afastada por algumas semanas para a recuperação. Fez questão de não omitir essa informação porque desejava iniciar a relação com a empresa alicerçada na confiança.

O líder sabia que os próximos meses seriam de alta demanda para a equipe e que contar com aquela profissional seria muito importante, mas também sabia que liderar é lidar com pessoas reais – com seus talentos, suas histórias e suas vulnerabilidades humanas. E, ao lembrar que fazia parte de uma organização que valoriza o respeito e a integridade, manteve a contratação e elogiou a atitude da candidata.

Esse gesto, que pode parecer simples na forma, é profundo em significado. Ele revela uma compreensão madura sobre a felicidade no trabalho e como ela se conecta, de maneira indispensável, à Cultura Organizacional.

Uma felicidade que, segundo Tal Ben-Shahar, professor de Psicologia Positiva em Harvard, não está na ausência de problemas, mas na forma como lidamos com eles. Para Ben-Shahar, a felicidade sustentável tem a ver com a permissão para sermos humanos.

No caso relatado, a decisão do gestor não apenas fortaleceu a relação de confiança, como também reafirmou os pilares de uma Cultura Organizacional que valoriza a segurança emocional.

É essa combinação entre competência técnica e sensibilidade humana que constrói, de forma consistente, ambientes mais saudáveis, felizes e produtivos.

FELICIDADE NO TRABALHO: UM CONCEITO LIVRE DE SUPERFICIALIDADES.

Antes de avançar, preciso desconstruir a visão simplista de felicidade como sinônimo de euforia constante ou prazer passageiro, uma interpretação distorcida que tem dificultado o caminho para que muitas organizações reconheçam o valor estratégico de ambientes saudáveis e lideranças mais humanas.

No contexto corporativo, felicidade é um conjunto estruturado de práticas, valores e estratégias voltadas ao bem-estar integral dos colaboradores.

Quando bem implementadas, elas fortalecem a motivação, o engajamento e o vínculo com o Propósito organizacional. Trata-se de criar um ecossistema positivo e resiliente, no qual respeito, valorização e reconhecimento não são negociáveis.

Essa abordagem está diretamente conectada à Psicologia

Positiva, campo da ciência que estuda e potencializa os aspectos saudáveis e construtivos da experiência humana. Seu principal defensor, o Psicólogo Martin Seligman, formulou o modelo PERMA, que define cinco pilares da felicidade:

- **Positive Emotions** (Emoções Positivas).
- **Engagement** (Engajamento).
- **Relationships** (Relacionamentos Positivos).
- **Meaning** (Propósito).
- **Accomplishment** (Realizações).

Mais tarde, o modelo foi ampliado com a letra "V", de Vitality (Vitalidade), incorporando o cuidado com a saúde física, a energia e a disposição. Surge, assim, o PERMAV, um dos frameworks mais adotados por empresas que investem em Felicidade Corporativa.

Tive a oportunidade de conhecer Martin Seligman pessoalmente e, na ocasião, ele reforçou uma certeza: embora o PERMAV tenha sido criado para múltiplos contextos, como o de educação, a sua aplicação no ambiente organizacional é cada vez mais necessária, porque cuidar das pessoas é cuidar do negócio.

A teoria criada por Seligman serviu como guia a programas de felicidade no trabalho em diversas empresas mundo afora. E, em todas elas, há registros de melhorias no bem-estar emocional e mental dos colaboradores, redução do estresse, aumento de produtividade e diminuição de índices de turnover e absenteísmo, por exemplo.

Fato é que, em um cenário no qual a IA avança rapidamente e produtos e serviços se tornam cada vez mais semelhantes, a verdadeira vantagem competitiva está nas pessoas.

No Brasil, também já há muitas empresas fazendo a gestão da felicidade no trabalho. E esse movimento ganhou ainda mais força com a atualização da NR-1, do MTE, que inclui o Gerenciamento de Riscos Ocupacionais (GRO), como já citado anteriormente.

A diretriz exige que as empresas cuidem não apenas da saúde física, mas também da saúde mental de seus colaboradores, incluindo riscos psicossociais como assédio, sobrecarga e ambientes tóxicos.

Outro ponto que reforça a importância da Felicidade Corporativa são os Objetivos de Desenvolvimento Sustentável (ODS). Eles fazem parte de um plano de ação global adotado pelos 193 estados-membros da Organização das Nações Unidas (ONU), que se comprometeram a estabelecer políticas e programas para atender a alguns temas-chave.

Dois dos ODS têm conexão direta com a felicidade no trabalho:

- ODS 3 – Saúde e bem-estar.
- ODS 8 – Trabalho decente e crescimento econômico.

A busca por pesquisas, indicadores e referências globais fortalece as práticas de gestão da Felicidade Corporativa e oferece argumentos sólidos para os líderes. Diversos executivos têm usado essas abordagens como argumento estratégico para sensibilizar o C-level e os conselhos das suas organizações sobre o tema.

Outro ponto de reflexão é o fato de a liderança contemporânea nunca ter tido acesso a tantos dados e conhecimentos como tem hoje em dia. E, no que diz respeito à felicidade no trabalho, as evidências são claras.

A seguir, compartilho dois conjuntos de dados que demonstram que os colaboradores precisam de atenção e cuidado, bem como o impacto direto disso na sustentabilidade e nos resultados das organizações.

Sobre as pessoas:

- 8,5 milhões de brasileiros pediram demissão em 2024 – um recorde histórico (Ministério do Trabalho e Emprego, 2024).

- 84% dos executivos no Brasil buscam ou consideram novas oportunidades (Leadership Outlook, 2025).
- 62% dos profissionais não estão engajados no trabalho (McKinsey, 2023).
- Mais de 470 mil afastamentos por burnout ocorreram em 2024 – o maior número da década (Ministério da Previdência Social, 2024).
- 46% dos brasileiros relatam estresse diário; no mundo, apenas 21% estão engajados (State of the Global Workplace, 2024).

Sobre o impacto no negócio:

- Colaboradores felizes são 13% mais produtivos (Universidade de Oxford, 2019).

Empresas com Culturas Organizacionais que valorizam a felicidade têm (Harvard Business Review):

- 300% mais inovação; e
- 78% menos absenteísmo.

Organizações com alto engajamento são (Gallup, 2024):

- 17% mais produtivas; e
- 23% mais lucrativas.

O desengajamento custa:

- US$ 8,8 trilhões por ano ao mundo – cerca de 9% do Produto Interno Bruto (PIB) global (Gallup, 2024).

No Brasil, o bem-estar emocional elevado reduz o turnover em:

- 50% (GPTW Brasil, 2023).

E o mais importante: segundo a Fundação Dom Cabral, (2024), 70% da felicidade no trabalho depende diretamente do líder imediato.

Ao analisar essas informações, fica evidente que uma Cultura Organizacional estruturada e uma estratégia brilhante não se sustentam sem líderes preparados para agir com respeito, escuta genuína e boas intenções. Sem cuidado e atenção, os colaboradores tendem a se desconectar, adoecer ou buscar novas oportunidades.

A felicidade no trabalho é, portanto, um compromisso de gestão com impacto direto nos resultados, na reputação da Marca Empregadora e na sustentabilidade do negócio.

CULTURA ORGANIZACIONAL E LIDERANÇA EM AMBIENTES PRÓSPEROS.

O conteúdo que abordei até aqui, reforça o fato de que a Cultura Organizacional é um terreno fértil no qual a felicidade no trabalho pode florescer. Entretanto, sua força depende da vivência diária dos valores que a sustentam. Nesse cenário, as lideranças desempenham um papel central: são elas que transformam valores organizacionais em atitudes, decisões e interações humanas.

A consistência entre o que se diz e o que se faz é o alicerce da confiança e do comprometimento. Organizações que compreendem e praticam essa conexão entre o seu jeito de ser e de fazer e a felicidade estão, comprovadamente, construindo ambientes mais humanos.

As lideranças são os principais impulsionadores da Felicidade Corporativa, e um exemplo concreto vem de uma das maiores cervejarias do mundo, que criou no Brasil uma Diretoria de Felicidade Interna. A iniciativa reforça o seu compromisso com uma Cultura Organizacional centrada nas pessoas e gera direcionamento claro aos seus gestores sobre o que é inegociável para todos.

A empresa é guiada pelos seguintes valores:

- Respeito e Cuidado – com colaboradores, clientes, sociedade e meio ambiente.
- Paixão – pela qualidade, pela história e pelo time.
- Inclusão – compromisso com um ambiente acolhedor, onde todos são valorizados.
- Coragem – ambição para sonhar grande e inovar.
- Diversão – celebrar os bons momentos e reconhecer conquistas.

A Diretoria de Felicidade está fundamentada no modelo PERMAV, e o investimento no bem-estar dos colaboradores fortalece a Cultura Organizacional e posiciona a empresa como referência em qualidade de vida no trabalho.

Outro bom exemplo vem do cooperativismo. Nesse segmento, o Programa Felicidade Interna das Cooperativas (FIC) contempla nove dimensões: bem-estar psicológico, padrão de vida, educação, saúde, meio ambiente, Cultura, governança, uso do tempo e vitalidade.

Exemplifico o FIC por meio de outra história real, desta vez de uma colaboradora de uma das principais cooperativas do Brasil. Ela participou do FIC por duas edições consecutivas. Responder à pesquisa é, para ela, um momento propício para pensar sobre si, tanto sobre questões pessoais quanto profissionais. E isso por si só é valorizado, mas a colaboradora também se sente cuidada pela organização. Os resultados da pesquisa servem, também, para formular o seu Plano de Desenvolvimento Individual (PDI).

No caso específico dessa colaboradora, o uso do tempo foi identificado como ponto crítico, mais precisamente sobre a dificuldade de atender a todas as demandas dentro da jornada diária de trabalho.

Diversos fatores poderiam estar impactando essa questão, mas o fato é que a colaboradora já estava sentindo ansiedade e influência na sua qualidade de vida. A solução não foi apenas aumentar a equipe. A própria colaboradora foi encorajada a aplicar metodologias de gestão de tempo e projetos na sua vida.

O resultado foi uma melhora significativa no seu bem-estar e na percepção genuína de que a cooperativa na qual trabalha realmente coloca as pessoas no centro (um dos seus valores organizacionais).

Vimos nos exemplos anteriores – o processo seletivo na empresa centenária, a criação da Diretoria de Felicidade Interna na cervejaria e o Programa FIC –, que a Cultura Organizacional e a liderança são capazes de moldar ambientes prósperos e engajadores ao fortalecer a felicidade no trabalho.

Contudo, para que essa construção seja sustentável, ela exige um pilar fundamental que começa no indivíduo: autoconhecimento. É primordial compreender que o PERMAV, ou outras metodologias que orientam para a felicidade e o bem-estar, não são fórmulas rígidas, mas modelos flexíveis e adaptáveis. Também é importante salientar que a felicidade não é algo que a gente conquista e pronto. É uma busca diária, para sempre e, acima de tudo, uma jornada individual.

Essa frase pode soar estranha, porque até aqui falei sobre felicidade no ambiente de trabalho e sua relação com a Cultura Organizacional, a estratégia e a liderança. Você pode se perguntar: mas se é individual, como a empresa pode contribuir para que o colaborador seja mais feliz?

A felicidade é uma jornada individual porque envolve escolhas, valores, propósitos e sentidos, que cada pessoa constrói a partir da sua própria história. No entanto, o ambiente de trabalho é um dos espaços em que passamos grande parte da vida, e ele pode favorecer ou dificultar essa jornada.

Quando olhamos para o modelo PERMAV, ele se torna um guia poderoso para o bem-estar. Ao buscarmos autoconhecimento e entendermos como cada "letrinha" impacta a nossa vida, conseguimos organizar melhor nossas prioridades e encontrar caminhos mais conscientes para viver a felicidade no dia a dia.

Coloco aqui um exemplo pessoal: sei que preciso praticar atividade física para me sentir bem. Cheguei a essa conclusão porque me conheço e já vivi períodos afastada do esporte. Também sei que, quando mantenho uma rotina de exercícios, meu corpo e minha mente reagem de forma positiva: sinto-me mais disposta e equilibrada. Esse hábito está diretamente ligado ao V de Vitality no PERMAV.

Mas será que cuidar apenas do V é suficiente para me tornar uma pessoa plenamente feliz? A resposta é não. Cada elemento do PERMAV – seja a vitalidade, as relações, o engajamento, o propósito ou qualquer outro – se complementa e atua de forma única em cada indivíduo. É nesse equilíbrio pessoal que a verdadeira felicidade se manifesta. A felicidade é, portanto, multifatorial e individual.

Quando a empresa cultiva uma Cultura de respeito, promove segurança psicológica, oferece condições dignas e valoriza o propósito e a voz de cada colaborador, ela não "entrega" felicidade, mas cria contextos favoráveis para que ela floresça, ou seja, se a felicidade depende de escolhas individuais, o papel da Cultura Organizacional e do líder é não serem obstáculos.

Tanto a Cultura quanto o líder têm que se colocar como aliados desse processo.

A empresa não é responsável por tornar as pessoas felizes, mas é corresponsável por promover condições humanas de trabalho, reconhecimento e pertencimento. A felicidade no trabalho, portanto, é um encontro entre o que cada pessoa busca, e o que a empresa permite, incentiva e respeita.

Concluo essa reflexão com um episódio histórico que ecoa profundamente o sentido da felicidade.

Em novembro de 1922, o cientista Albert Einstein esteve no

Japão para uma série de palestras e conferências. Na ocasião, ele foi informado sobre o reconhecimento com o Prêmio Nobel de Física. Conta a história que, ao sair do Hotel Imperial de Tóquio, ele entregou ao mensageiro duas frases escritas à mão – simples, mas atemporais:

"Uma vida simples e tranquila traz mais alegria do que a busca pelo sucesso em uma inquietação constante". "Onde há um desejo, há um caminho".

Essas frases revelam uma verdade poderosa: a felicidade é multifacetada, exige atenção genuína, vai além do ambiente corporativo e se ancora nas escolhas pessoais e na forma como conduzimos nossa vida.

Quando líderes compreendem que a felicidade é uma construção sólida, fundamentada em propósito, relações humanas e autonomia, tornam-se agentes catalisadores de ambientes mais saudáveis e produtivos.

É a partir dessa consciência e da ação intencional que ela inspira, que liderança e Cultura Organizacional se afirmam como os verdadeiros pilares do bem-estar, da realização profissional e da sustentabilidade do negócio.

Por isso, comece por você. Reflita sobre o que lhe faz bem – e o que não faz. Defina planos de ação para ter mais bem-estar e qualidade de vida. Observe seu time, conheça as pessoas com quem compartilha a jornada. Lembre-se de que cada uma delas tem seus próprios pontos de vista. E não esqueça: ninguém é feliz o tempo todo.

FELICIDADE É CONSTRUÇÃO,
É DIA A DIA, É INTENÇÃO E AÇÃO.

12

TUDO COMEÇA E TERMINA EM VOCÊ

Depois de abordar assuntos tão importantes como influência, Cultura, estratégia, comunicação e felicidade, encerro este livro afirmando que:

- antes da estratégia, vem a postura;
- antes do planejamento, vem o propósito; e
- antes de cobrar resultados, é preciso oferecer direção e orientação.

Você tem que ser o primeiro a chegar emocionalmente – não no relógio, mas na consciência. É da sua voz que nasce o tom da equipe. É da sua escuta que surgem as conexões. É da sua coragem que se desenham os caminhos que, por vezes, a sua equipe não consegue enxergar.

A responsabilidade é sua. Se a equipe está desmotivada, olhe primeiro para dentro da sua área em vez de colocar a culpa na empresa. Se há ruído na comunicação, examine a clareza das suas palavras e a qualidade da sua escuta. Se há medo, insegurança ou confusão, revise o seu posicionamento.

A LIDERANÇA NÃO É UM CARGO, MAS UM REFLEXO.

Um reflexo que é construído diariamente nas pequenas escolhas, nas conversas difíceis e na empatia que tem que vir de você, mesmo quando todos estão sob pressão.

Na prática, tudo começa na liderança porque é ela que:

- representa o propósito e, principalmente, os valores, estabelecendo o tom da Cultura Organizacional;
- decide os objetivos a serem atingidos pela sua área; e
- determina as estratégias que serão utilizadas (caminhos que serão seguidos).

Sem um norte claro da liderança, a equipe se perde, as decisões se tornam inconsistentes e o desempenho se fragmenta.

Saiba que tudo começa e termina em você. Mesmo os melhores planos e talentos podem fracassar se não houver coerência da liderança entre o discurso e a prática.

Portanto, tudo começa e termina em você, líder. E o que começa com consciência, termina com impacto.

CONHEÇA OUTRAS OBRAS DA AUTORA

A EXPERIÊNCIA DO COLABORADOR

DA ATRAÇÃO À RETENÇÃO: COMO O ENDOMARKETING PODE TORNAR ÚNICA CADA ETAPA DA JORNADA DO COLABORADOR.

A relação empresa/colaborador não é algo fácil de ser administrado e mantido. Sempre haverá momentos de satisfação e insatisfação por parte do colaborador. Você deseja que ele se sinta acolhido, reconhecido e respeitado pela sua empresa? Você quer que ele conte para as pessoas com as quais convive o quanto é bom trabalhar na sua empresa? Você gostaria que ele atuasse como um agente de marketing e reputação da sua empresa, falando bem dela e dos seus produtos/serviços? Da mesma forma, um dia, por algum motivo, o colaborador da sua empresa irá embora. Você quer que ele agradeça, pelo resto da vida, por ter trabalhado nela? Você quer que ele fale tão bem da sua empresa a ponto de contribuir para a sua imagem de marca empregadora?
Então, você deve ler esse livro. Nele, você verá como o Endomarketing pode contribuir para tornar única cada etapa da Jornada do Colaborador na sua empresa, da atração ao desligamento - passando por seleção, integração, contratação e retenção.

ISBN: 978-65-89140-00-9
256 PÁGINAS
FORMATO: 16X23cm

ENDOMARKETING DE A A Z

COMO ALINHAR O PENSAMENTO DAS PESSOAS À ESTRATÉGIA DA EMPRESA

Se lhe perguntarem quais são os objetivos, estratégias e resultados de sua empresa, você teria condições de responder com rapidez e precisão? Caso sua resposta seja positiva, considere-se um privilegiado, pois participa de uma organização que pratica o Endomarketing e que se preocupa em manter um processo estruturado de Comunicação Interna.
Isso é pelo menos metade do caminho para um clima organizacional saudável e para a conquista de uma imagem positiva em relação ao público externo.

ISBN: 978-85-99362-48-8
256 PÁGINAS
FORMATO: 16X23cm

SORRIA, VOCÊ TRABALHA AQUI!

500 INSIGHTS PARA ENDOMARKETING

Neste livro você encontrará 500 insights para endomarketing que nada mais são do que técnicas e estratégias a serem adotadas por empresas que desejam:

- dar valor e visibilidade a tudo aquilo que proporcionam aos seus colaboradores em nível de gestão, ambiente organizacional, oportunidades de crescimento, benefícios, incentivos etc.;
- alinhar o pensamento, as atitudes e o processo de trabalho dessas pessoas à estratégia da empresa.

Um livro prático e inspirador. Utilize-o para criar ideias, consultando-o sempre que precisar de insights para construir estratégias de endomarketing de que sua empresa necessita.

ISBN: 978-85-82110-39-3
224 PÁGINAS
FORMATO: 16X23cm

CONHEÇA OUTRAS OBRAS DA AUTORA

ENDOMARKETING, 1994.

ENDOMARKETING COMO ESTRATÉGIA DE GESTÃO, 1997.

UM OLHAR SOBRE O MARKETING INTERNO, 2000.

RESPIRANDO ENDOMARKETING, 2003.

FACE A FACE COM O ENDOMARKETING, 2007.

ENDOMARKETING DE A a Z, 2010.

SORRIA, VOCÊ TRABALHA AQUI, 2013.

ENDOMARKETING ESTRATÉGICO, 2017.

A EXPERIÊNCIA DO COLABORADOR, 2020.

Contatos da Autora

www.happy.net.br
analisa@happy.net.br
+ 55 (51) 3327.4000
Facebook/analisabrum
LinkedIn/analisabrum

www.editoraintegrare.com.br

GRÁFICA PAYM
Tel. [11] 4392-3344
paym@graficapaym.com.br